健身路径

全民健身项目指导用书

孙占峰 张楠◎主编

吉林出版集团股份有限公司　全国百佳图书出版单位

图书在版编目（CIP）数据

健身路径 / 孙占峰, 张楠主编. -- 2版. -- 长春：吉林出版集团股份有限公司, 2010.2(2024.8重印)
全民健身项目指导用书
ISBN 978-7-5463-2405-0

Ⅰ.①健… Ⅱ.①孙… ②张… Ⅲ.①健身运动－基本知识 Ⅳ.①G883

中国版本图书馆 CIP 数据核字(2010)第 028378 号

全民健身项目指导用书

健身路径

JIANSHEN LUJING

主　　编	孙占峰　张　楠
责任编辑	黄　群　杜　琳
封面设计	吕宜昌
开　　本	650mm×960mm　1/16
印　　张	8
字　　数	60 千
版　　次	2010 年 2 月第 2 版
印　　次	2024 年 8 月第 4 次印刷
出版发行	吉林出版集团股份有限公司
地　　址	吉林省长春市福祉大路 5788 号
邮　　编	130000
电　　话	0431-81629968
电子邮箱	11915286@qq.com
印　　刷	三河市金兆印刷装订有限公司
书　　号	ISBN 978-7-5463-2405-0　定　价　39.80元

版权所有　翻印必究
如有印装质量问题，请寄本社退换

自 1995 年我国政府推出《全民健身计划纲要》以来，我国群众性体育活动蓬勃发展，取得了显著的成绩。2008 年，举世瞩目的北京奥运会的成功举办，极大地激发了亿万人民群众的体育热情，增强了全社会的体育意识，营造了浓厚的全民健身氛围。面对这样的可喜局面，群众体育科研、教学工作者应义不容辞地为社会实践服务，从不同角度思考，如何使普通百姓通过简而易行的身体锻炼方式、方法和手段达到良好的健身效果，达到拥有健康的目标，从而享受生活、享受快乐人生。该书系就是在这样的思想指导下诞生的。

本书系能够顺应国家体育的大政方针，掌握时代脉搏，对指导大众健身，使大众掌握健身方法和手段有很好的促进作用。

本书系图文并茂，实用性强，分为球类运动、体操健身运动、传统武术、冰雪运动、水上运动、体育舞蹈、休闲运动、格斗运动、民间体育活动和极限运动等十大类项目，计 100 分册，按照统一的体例，力争有所创新。每册的具体内容为该项目的起源与发展、运动保健、基本技术、运动技巧、比赛规则等,使读者在学习过程中,不仅能够学会运动健身的方法,同时还能够学到保健方面的基本知识。

　　经国务院批准,自2009年起,将每年的8月8日定为"全民健身日"。《全民健身项目指导用书》的出版,必将为开展全民健身活动起到积极的推动和指导作用。

目录 CONTENTS

第一章 概述
第一节 起源与发展 /002
第二节 场地和装备 /003

第二章 运动保健
第一节 自我身体评价 /008
第二节 运动价值 /012
第三节 运动保护 /017

第三章 健身路径锻炼方法
第一节 单杠、双杠 /028
第二节 压腿架 /036
第三节 腹肌架 /039
第四节 梅花桩 /042
第五节 推手架 /047
第六节 太极推手器 /049
第七节 云手转轮 /051
第八节 屈膝摇摆台 /053
第九节 扭腰器 /056
第十节 踏步扭腰器 /058

目录 CONTENTS

第十一节　云梯/060
第十二节　臂力训练器/064
第十三节　转体训练器/066
第十四节　上肢牵引器/068
第十五节　摸高器/070
第十六节　慢跑机/072
第十七节　太空漫步机/074
第十八节　健骑器/078

第十九节　划船器、划艇器/081
第二十节　踏步器、登山器/084
第二十一节　肋木架/087
第二十二节　平衡木/094
第二十三节　仰卧起坐平台/097
第二十四节　伸腰、下腰训练器/102
第二十五节　鞍马训练器/112
第二十六节　步行软梯/116
第二十七节　呼啦桥/118
第二十八节　水车/120

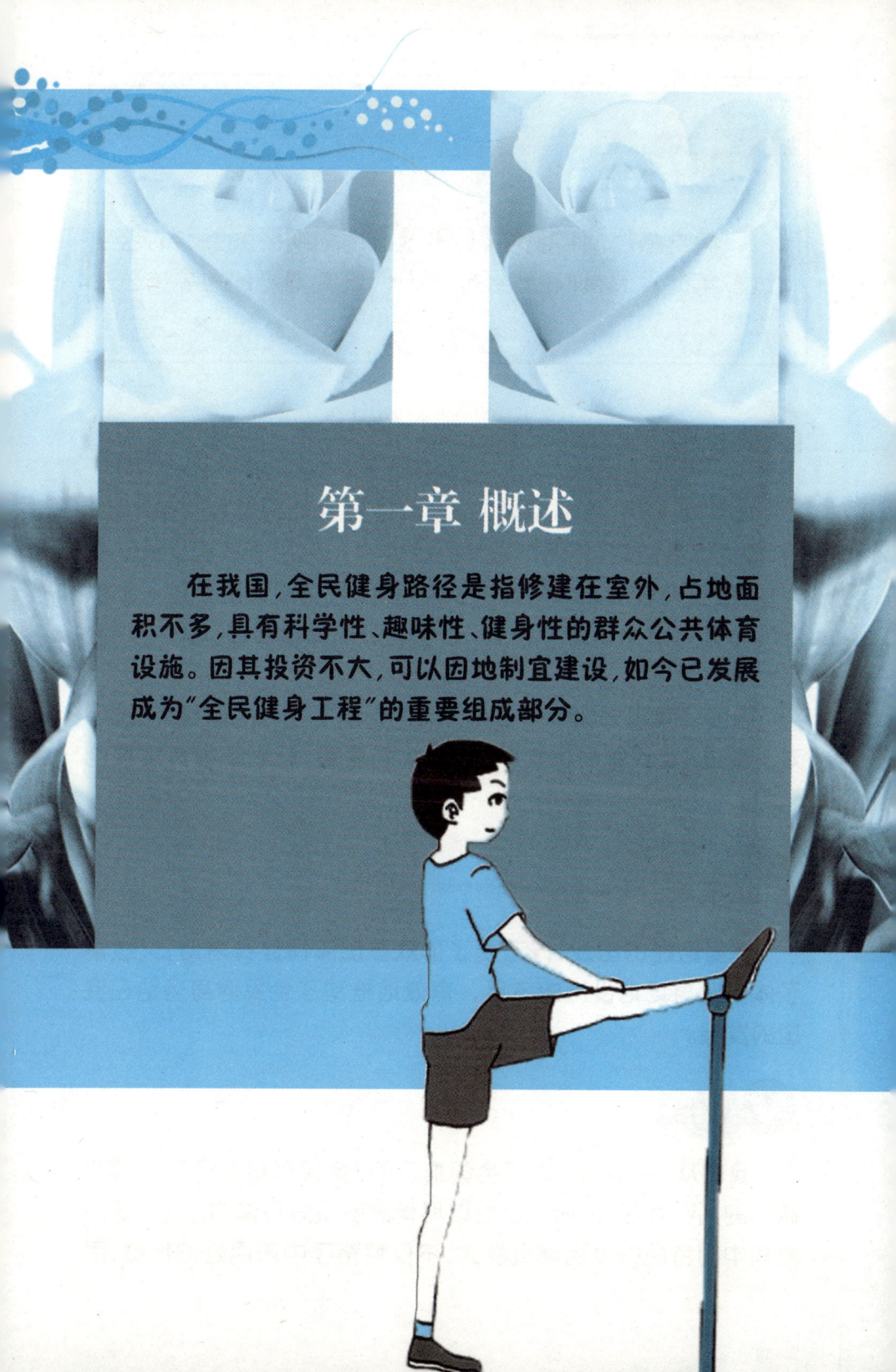

第一章 概述

在我国,全民健身路径是指修建在室外,占地面积不多,具有科学性、趣味性、健身性的群众公共体育设施。因其投资不大,可以因地制宜建设,如今已发展成为"全民健身工程"的重要组成部分。

第一节 起源与发展

健身路径源自我国《全民健身计划纲要》的颁布,经过多年的发展,现在已经成为人们日常健身的主要方式之一。

起源

1995年6月,国务院颁布《全民健身计划纲要》。1997年9月,国家体委决定,将体育彩票公益金的60%用于实施全民健身计划,主要在城市社区和农村乡镇有计划、有步骤地配建一批群众体育健身活动场地和设施,即创建全民健身路径,称之为"全民健身工程"。

目前,我国大部分城市和乡镇都已配备了全民健身路径,它对于促进《全民健身计划纲要》的全面落实,起到了极其重要的作用。

发展

健身路径的出现,既方便了群众参加体育健身活动,又缓解了体育健身场地设施的不足,有效地推动了全民健身运动在我国的发展。

传播

我国从1997年开始在全国推广的"全民健身路径",让越来越多的人在社区、公园里就可以尽情享受锻炼身体的乐趣。这一具有中国特色的全民健身模式,不仅赢得了中国百姓的称赞,而且还受到了世界各国的极大关注。

目前,由我国企业自主研发生产的这些色彩斑斓、种类多样的室外健身器械已经走出国门,远销到欧美、东南亚、中东、日本等国家和地区,极大地推动了健身路径在海外的发展。

发展趋势

健身路径具有广泛适用性、趣味娱乐性、科学健身性和开放公益性等特点,已成为我国开展全民健身计划的重要项目。

为增加体育场地,体育部门近年来大力推进全民健身路径建设。据不完全统计,仅 2002 年以来,全国各地投入资金 30 亿元,建设全民健身路径 3 万多条,增加体育场地近 3000 万平方米。

2003 年健身路径已经开始走进村庄,使我国群众性体育公共设施实现"跨越式发展"。现在,每天利用健身路径进行锻炼的人数高达上千万人次,群众身边的健身场地和基本设施得到了根本性改善。

第二节　场地和装备

健身路径对场地和装备的要求并不高,高质量的场地是运动开展的前提,而良好的装备则是练习者发挥较高水平的必要保证。

场地

健身路径对场地没有具体要求,但对于不同的健身器械,则要求有不同面积的平整场地,场地应与健身器械相配套。

健身路径一般多在社区或公园的空地上设置。

场地应空旷、通风,这有利于练习者的身体健康。

进行健身路径锻炼的装备比较简单,舒适、得体,便于运动即可。

 见图1-2-1

(1)在使用健身路径进行锻炼时,可穿着运动服、休闲服等;
(2)服装要注意随着季节的变化而调整。

图1-2-1

 **鞋**　见图 1-2-2

鞋应选用运动鞋,不仅便于运动,还可以减少运动损伤的发生。

图 1-2-2

第二章 运动保健

体育运动对增强体质、预防疾病和促进健康具有良好的作用。但是,并非所有人从事相同的运动都会达到同样的效果。对于同一种运动负荷,不同人机体的反应差异是很大的,即使同一个体,在不同时期、不同机能状态下,对同一负荷的反应及效果也是不一样的。因此,对于不同个体,应制定适合其机能需要的运动强度、时间、频率和持续周期。从事体育锻炼一定要讲究科学性,使机体最大限度地获得运动价值,使某些疾病得到有效的防治。

第一节 自我身体评价

自我身体评价是指根据个体的不同情况以及简单的功能评定标准，对锻炼者进行身体评价，并以此为依据，确定具体的锻炼内容。

适宜人群

体适能是全身适应性的一部分，是人体精神和体力对现代生活的适应能力。为了促进健康，预防疾病，提高生活质量和工作学习效率，几乎所有人都可以追求健康体适能，而且经过简单的评价和测试，均可以成为目标人群，即适宜人群。

健康体适能评价标准

健康体适能是指身体有足够的活力和精力处理日常事务，而不会感到过度疲劳，并且还有足够的精力去享受休闲活动和应对突发事件。

健康体适能是确定锻炼者是否为运动适宜人群的主要依据。目前的评价标准主要包括国民体质测定标准、学生体质测定标准和普通人群体育锻炼标准等。

国民体质测定标准主要包括形态指标、机能指标和素质指标3个部分，各项指标的测定结果均为1~5分，共5个级别。凡各项指标达不到4分或5分者，均应被纳入健身人群。

学生体质测定标准分为优秀、良好、及格和不及格4个级别。优秀水平以下者，均应被纳入健身人群。

普通人群体育锻炼标准分为5个级别，凡达不到4分或5分者，均应被纳入健身人群。

简易运动功能评定

简易运动功能评定的目的在于确定锻炼者有无运动禁忌症或临时运动禁忌的情况,即是否适合参加体育锻炼,以达到防备万一、避免意外事故发生的目的。目前通行的方式为3分钟踏台阶测试。

目的

测试锻炼者运动后心率恢复的情况,以评估其心肺功能。

器材　见图 2-1-1

30厘米高的长凳、节拍器、秒表和时钟。

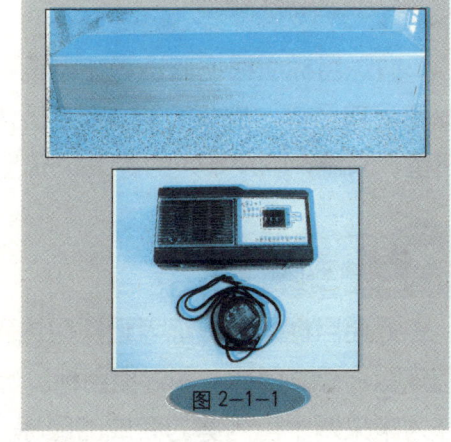

图 2-1-1

步骤　见表 2-1-1

(1)节拍器设定为每分钟96次,锻炼者依"上上下下"的节拍运动3分钟。

(2)锻炼者完成3分钟踏台阶后,5秒钟内开始测量其脉搏,时间为1分钟,记录其心率,并依据下表评价其功能水平。

(3)运动后心率越低,证明其心肺功能越好。在运动强度允许的范围内,锻炼者可选择运动强度的较高值来进行运动。

表 2-1-1　3分钟踏台阶测试评价表

	年龄(岁)	欠佳(次)	尚可(次)	一般(次)	良好(次)	优异(次)
男士	18~25	>115	105~114	98~104	89~97	<88
	26~35	>117	107~116	98~106	89~97	<88
	36~45	>119	112~118	103~111	95~102	<94
	46~55	>122	116~121	104~115	97~103	<96
	56~65	>119	112~118	102~111	98~101	<97
	65+	>120	114~119	103~113	96~102	<95
女士	18~25	>125	117~124	107~116	98~106	<97
	26~35	>128	119~127	111~118	98~110	<97
	36~45	>128	118~127	110~117	102~109	<101
	46~55	>127	121~126	114~120	103~113	<102
	56~65	>128	118~127	112~117	104~111	<103
	65+	>128	122~127	115~121	101~114	<100

注意事项

如锻炼者经过努力仍无法达标，或出现头晕、胸闷、出冷汗等症状，应立即终止测试。运动中应特别考虑运动强度，以防止出现意外。

锻炼目标

锻炼目标应根据锻炼者不同的身体状况来确定，可分为近期目标和远期目标。此外，确定锻炼目标还应结合锻炼者的运动意向、愿望、兴趣，以及本人的健康状况、疾病程度等因素来进行。

近期目标

近期目标是指锻炼者近期应达到的目标。在进行运动之前，应首先明确锻炼目标，即近期目标。选择一两个健康体适能构成要素，作为未来两个月内努力完成的目标，而且应从成功概率较高的构成要素开始，并将预期两个月后要达到的目标做上记号，如提高某个或某些关节的活动幅度，增强某个肌肉群的力量等。

远期目标

远期目标是指锻炼者最终要达到的目标。实践证明，经过科学合理的锻炼后，锻炼者是可以达到一般的远期目标的，如提高心肺功能，使其达到优秀的等级，或达到降血脂、防治高血压和冠心病的目的等。

运动负荷

运动负荷即运动量。怎样控制运动量，合适的运动时间是多少等，一直是人们争论不休的问题。但有一点是可以肯定的，那就是任何有关身体活动的意见和建议，都需要综合考虑锻炼者的身体状况和所要达到的目标，并以此为依据来制订科学的身体锻炼计划。

运动强度

在运动过程中,运动强度过小,则无法达到锻炼的效果;运动强度过大,不仅达不到最佳的锻炼效果,还可能产生一些副作用,甚至出现意外事故。确定运动强度有两种方法,即心率简易推测法和主观感觉疲劳分级表推测法。

✦ 心率简易推测法

(1)年龄在20岁左右的年轻人,身体健康,能坚持体育锻炼,欲进一步提高身体机能,可取最大心率值(最大心率值=220-年龄)的65%~85%。

(2)年龄在45岁以下,身体基本健康,有运动习惯者,开始进行健身锻炼,可取最大心率值的65%~80%,没有运动习惯者,开始进行健身锻炼,可取最大心率值的60%~75%。

(3)年龄在45岁以上,身体基本健康,有运动习惯者,开始进行健身锻炼,可取最大心率值的60%~75%,没有运动习惯者,建议根据自身情况咨询专业人员来指导和确定运动强度。

✦ 主观感觉疲劳分级表推测法　见表2-1-2

运动的疲劳程度大致分为10级,具体为:0~1级,没感觉;2~3级,尚轻松;4~5级,稍累;6~7级,累;8~9级,很累;10级,精疲力竭。因此,健身锻炼的运动强度应控制在主观感觉疲劳程度的4~7级。

表2-1-2　主观感觉疲劳分级表

0 没感觉	·	2 尚轻松	·	4 稍累	·	6 累	·	8 很累	·	10 精疲力竭

运动频率

运动频率是指每日及每周锻炼的次数。一般每周锻炼 3~4 次，即隔日锻炼 1 次即可。有充足的休息时间，可使机体得到充分的休息，收到更好的锻炼效果。

运动持续时间

运动强度和运动持续时间，决定了一次锻炼的运动量和热量消耗。运动持续时间与运动强度成反比，运动强度大，运动持续时间可相应缩短，运动强度小，则运动持续时间应相应延长。

一般的健身锻炼，运动持续时间以每天 20~60 分钟为宜，其中包括准备活动时间、健身锻炼时间和整理活动时间。每次健身锻炼应在 20 分钟以上，锻炼可一次性完成，也可分段进行，但每段的活动时间应在 10 分钟以上。

第二节 运动价值

运动价值是人们一直在探讨的问题。一般认为，运动具有两方面的价值，即健身价值和心理价值。身体和精神的健康是相互依存的，伴随着身体功能的改善，精神状况也能同时得到改善。

健身价值

健身价值在于提高体适能。体适能包括心肺耐力素质、肌肉力量素质、柔韧性素质和身体成分等。体适能的发展是积极从事锻炼的结果，只有规律性的体育锻炼才能达到最佳的体适能。

提高心肺耐力素质

心肺耐力是指全身肌肉进行长时间运动的持久能力，是体内心肺系统对身体各细胞的供氧能力。人体的心脏、肺、血管、血液等组织的功能是心肺耐力的基础，它们与氧气和营养物质的输送以及代谢物的清除有关。健全的心肺功能是健康的基本保证。

系统的体育锻炼，可以使心肌增厚，收缩力加强，心室容积增大，从而使心脏的泵血功能增强，表现为心血输出量增加。

系统的体育锻炼，呼吸系统机能也将得到提高，表现为呼吸肌的力量增强，肺活量、肺通气量明显增加，保证对机体供氧的能力。

系统的体育锻炼，可以促进血管系统的形态、机能和调节能力产生良好的适应力，从而提高机体的工作能力。

系统的体育锻炼，可以使血液系统产生某些适应性变化，如血容量增加、血黏度下降、红细胞膜弹性增强和红细胞变形能力增强等。

 ## 提高肌肉力量素质

肌肉力量是指肌肉最大收缩产生的对抗阻力或负荷的能力。肌肉力量只有达到一定的程度，才能克服外界阻力，而克服外界阻力是维持日常生活自理、从事各种劳动和运动的必要前提。

系统的体育锻炼，可以提高肌肉的生理横断面积，可以改善神经系统对肌肉收缩的支配功能，还可以提高肌肉内代谢物质的储备量，使肌肉力量得到提高。

 ## 提高柔韧性素质

柔韧性是指人体各关节的活动幅度，即关节的肌肉、肌腱和韧带等软组织的伸展能力。柔韧性对于保证正常生活质量、维持正常体态、预防损伤发生和减轻损伤程度等方面均起到至关重要的作用。

系统的体育锻炼，还可以延缓因年龄因素而导致的柔韧性下降，预防因缺乏运动而导致的关节结构、周围软组织和膝关节肌肉退化，从而使锻炼者的日常生活、劳动和运动等更加充满活力。

改善身体成分

身体成分是指人体体重中的脂肪组织和去脂组织的重量百分比。身体成分中的脂肪成分增加，肌肉成分必然下降。身体中不具备收缩功能的脂肪组织增加，必然导致身体进行各种活动的能力下降，基础代谢水平降低，肥胖症、冠心病、高血压、糖尿病、高血脂等慢性疾病发病率的提高。因此，身体成分是保证人体健康的重要内容之一。

通过系统的体育锻炼，随着锻炼者体质的增强，热量消耗便随之增加，进而燃烧掉体内多余的脂肪，使身体成分得到改善。而身体成分的改善，又可以减少体重对关节可能带来的不利影响，还可以使肥胖者的心理状况得到改善，增强其自信心，使其逐步建立起健康的生活方式。

心理价值

研究证明，有规律的体育锻炼不但可以使锻炼者增强体质、促进身体健康、预防一些慢性疾病，还可以提高锻炼者的生活满意度和生活质量，对其心理健康产生积极影响。

体育锻炼的心理健康效应主要表现在六个方面：

改善情绪状态

短期效应

研究发现，体育锻炼对人的情绪状态具有显著的短期效应。运动后人们的焦虑、抑郁、紧张和心理紊乱等症状会明显减轻，而精力和愉快程度则明显增强。而且这种情绪的迅速变化，与锻炼者个体的健康状况、活动形式和活动强度等有着直接的联系。

长期效应

体育锻炼对人情绪的长期效应有着直接的影响，与不锻炼者相比,有规律的锻炼者在较长时期内很少会产生焦虑、抑郁、紧张和心理紊乱等情绪。

完善个性行为特征

见表 2-2-1

人们的行为特征一般可以分为两种类型，用 A 型行为特征和 B 型行为特征来表示。A 型行为特征主要表现为性情急躁、争强好胜、容易激动、整天忙碌和做事效率高等。B 型行为特征主要表现为不好竞争、不易紧张、不赶时间、对人随和、喜欢自由自在等。具有 A 型行为特征的人由于过度紧张的情绪反应，会引起内分泌失调，增加心脏病发病的概率。目前的一些研究主要集中在体育锻炼对改变 A 型行为特征的作用方面。研究结果表明，有规律的体育锻炼能明显改变 A 型行为特征。

表 2-2-1　A、B 型个性行为特征常见表现

A 型行为特征者常见表现	B 型行为特征者常见表现
约会从来不迟到	对约会很随便
竞争意识很强	竞争意识不强
别人要讲话时总爱抢先或插话	是别人讲话时很好的听众
总是匆匆忙忙	即使有压力也从不匆忙
等待时缺乏耐心	能够耐心等待
干事时全力以赴	处事漫不经心
同时想干很多事	在一段时间里只干一件事情
讲话喜欢用加强语气，甚至敲桌子	讲话语速缓慢、不慌不忙
做了好事希望能得到别人的认可	只要自己满意即可，不管别人怎样想
吃饭、走路都很快	做事情很慢
不善与人相处	为人随和
容易暴露自己的感情	能控制自己的感情
具有广泛的兴趣	没什么业余爱好
雄心壮志	满足于目前的工作和学习状况

确立良好自我概念

自我概念是指个体对自己身体、思想和情感的主观整体评价，它由许多自我认识组成，包括我是什么人、我主张什么和我喜欢什么等。

坚持体育锻炼，可以使锻炼者体格强健、精力充沛、提高驾驭身体的能力，从而改善对自身的满意程度，确立良好的自我概念。

改变睡眠模式

根据脑电图的显示，人的睡眠可以分为两种状态，即慢波睡眠状态和快波睡眠状态。前者为浅度睡眠状态，后者为深度睡眠状态。一夜之间两种睡眠状态会交替发生4～5次。

有规律的体育锻炼不仅对慢波睡眠有促进作用，而且能缩短入眠的潜伏期，并延长睡眠的时间。

改善认知能力

体育锻炼还能改善人的认知过程，避免反应时间过长、注意力不集中和思维混乱等症状的发生，尤其对老年人的认知能力改善效果更为明显。

增加心理治疗效应

体育锻炼被公认为是一种心理治疗的好方法。目前人群中常见的心理疾患是抑郁症和焦虑症。研究发现，体育锻炼是治疗抑郁症的有效手段之一，抑郁症患者经过有规律的体育锻炼，抑郁症状能明显减轻。

体育锻炼还具有治疗焦虑症的作用，通过有规律的体育锻炼，可以使锻炼者的焦虑症状明显改善。

第三节 运动保护

在运动过程中，人体机能会随时发生变化。因此，应针对这种机能变化的特点来进行体育锻炼，也就是我们所说的运动保护。运动保护一般包括运动前准备、运动后放松和自我养护三个方面。

运动前准备

准备活动是指在正式运动之前进行的有目的的身体练习。做好充分的准备活动，可以缩短机体进入最佳状态的时间，同时还可以预防运动损伤的发生，为机体发挥最大的工作效率做好功能上的准备。

准备活动的作用

提高中枢神经系统兴奋状态

（1）使大脑反应速度加快，参加活动的运动中枢神经相互协调。
（2）为正式运动时生理机能达到适宜程度提前做好准备。

提高机体代谢水平

（1）准备活动可以使锻炼者体温升高，降低肌肉黏滞性，使肌肉的伸展性、柔韧性和弹性增强，从而有效预防运动损伤的发生。
（2）准备活动可以增强体内代谢酶的活性，使物质代谢水平提高，以保证运动时有较充分的能量供应。

克服内脏器官生理惰性

（1）准备活动可以提高心血管系统和呼吸系统的机能水平，使肺通气量及心血输出量增加。
（2）可以使心肌和骨骼肌的毛细血管扩张，使其工作肌获得更多的氧，从而克服内脏器官的生理惰性，使之尽快达到最佳状态。

增加皮肤毛细血管血流量

准备活动可以使皮肤毛细血管的血流量增加，运动后毛细血管扩张，有利于散热，降低体温，有效防止开始正式活动时由于体温过高而影响运动能力。

准备活动要求

准备活动时间

（1）准备活动的时间可以根据运动项目的具体情况确定，一般以10～30分钟为宜。

（2）准备活动与正式运动的间隔时间，一般以不超过15分钟为宜，可以在做完准备活动后立刻进行正式运动。

准备活动强度

（1）准备活动的强度和量应较正式运动小，以免引起不必要的疲劳。

（2）准备活动的量可以由心率来决定，心率以100～120次／分为宜。

准备活动内容

一般性准备活动

一般性准备活动的内容多以伸展运动开始，然后进行一般性的跑步、徒手体操等活动。

下面介绍一套常用的一般性准备活动操，供锻炼者运动前使用。这套活动操主要包括头部运动、肩部运动、扩胸运动、体侧运动、体转运动、髋部运动和踢腿运动等。

图 2-3-1

头部运动

头部运动的动作方法（见图 2-3-1）：两手叉腰，两脚左右开立，做头部向前、向后、向左、向右，以及绕环运动。

肩部运动

肩部运动的动作方法（见图 2-3-2）：手扶肩部，屈臂向前、向后绕环，以及直臂绕环。

图 2-3-2

扩胸运动

扩胸运动的动作方法（见图 2-3-3）：屈臂向后振动及直臂向后振动。

体侧运动

体侧运动的动作方法（见图 2-3-4）：两脚左右开立，一手叉腰，另一臂上举，并随上体向对侧振动。

体转运动

体转运动的动作方法（见图 2-3-5）：两脚左右开立，两臂体前屈，身体向左、向右有节奏地扭转。

髋部运动

髋部运动的动作方法（见图 2-3-6）：两脚左右开立，两手叉腰，髋关节放松，向左、向右 360 度旋转。

图 2-3-3

踢腿运动

踢腿运动的动作方法（见图2-3-7）：两臂上举后振，同时一腿向后半步，重心置于前腿，两臂下摆后振，同时向前上方踢腿。

图2-3-4

图2-3-5

图2-3-6

图2-3-7

专门性准备活动

专门性准备活动的动作方法、节奏和强度等与正式锻炼相似，目的是使人体主要肌群在运动前得到动员，为正式锻炼做好准备。

运动后放松

运动后放松是指运动之后所进行的一些能够加速机体功能恢复的、较轻松的身体活动。与运动前准备活动相反，其目的是使锻炼者的生理机能水平逐步得到恢复。

放松方法

运动性手段

（1）运动结束后，锻炼者可采用变换运动部位的方法来消除疲劳，如上肢出现疲劳时可做一些慢跑运动，下肢出现疲劳时可做一些上肢运动。

（2）转换运动类型也是一种不错的放松方法，如打羽毛球出现疲劳时，可从事瑜伽运动来达到放松的目的。

（3）还可以用调整运动强度的方法来缓解疲劳，如可以在放松过程中，采用小强度的轻微运动方法等。

整理活动　见图2-3-8

（1）整理活动是指运动后所做的一些能够加速机体功能恢复的身体活动，如剧烈运动后进行3~5分钟慢跑或其他整理活动，使身体机能得以恢复。

（2）剧烈运动后如不做整理活动而骤然停止动作，会影响氧气的补充和静脉血的回流，使机体血压降低，引起不良反应。

图 2-3-8

注意事项

（1）在进行整理活动时动作应缓慢、放松，运动量不要过大，否则会引起新的疲劳。

（2）在进行整理活动时，应当保持心情舒畅、精神愉快。

自我养护

锻炼后，锻炼者感觉身体疲劳是一种正常的生理现象，是体育锻炼过程中的正常反应，随着体育锻炼时间的延长，疲劳症状会自然消失。运动性疲劳出现后，锻炼者如果采用一些自我养护措施，可以加速身体机能的恢复，尽快消除疲劳，提高锻炼效果。常见的自我养护方法主要包括运动后休息、合理营养和物理手段等三种。

运动后休息

静止性休息　见图 2-3-9

（1）静止性休息是指锻炼者运动后保持机体相对的静止状态，以促进身体机能的恢复，尽快消除疲劳。

（2）静止性休息的最佳方式之一是睡眠，特别是刚开始从事锻炼者，身体不适应或疲劳症状明显时，更应该保证足够的睡眠，否则，锻炼者虽然积极参加了体育锻炼，但收效甚微，甚至会导致过度疲劳症状的发生。

（3）静止性休息更适合于消除全身运动导致的整体疲劳症状。

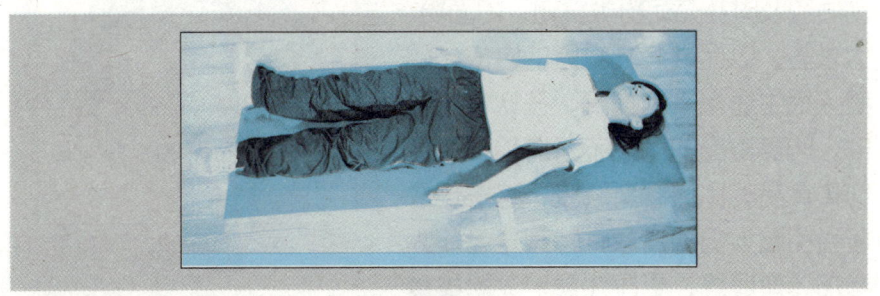

图 2-3-9

积极性休息　见图 2-3-10

（1）积极性休息更适合由于少量肌肉群参与工作而导致的局部疲劳，或运动强度较大而导致的快速疲劳。

（2）积极性休息可以加速血液循环，有利于代谢物排出体外，对促进身体机能的恢复具有明显的效果。

图 2-3-10

合理营养

见图 2-3-11

小强度、长时间的运动形式，主要是靠糖原的有氧代谢提供能量。运动后应及时补充淀粉类食物，如面粉、大米等，以促进消耗糖原的合成。随着人民生活水平的提高，在饮食结构中，肉类食品的比重不断增加，而淀粉类食品的比重逐渐减少，这一现象应当引起人们的注意，特别是老年人参加体育锻炼，更应注意对淀粉类食物的补充。

图 2-3-11

强度较大、时间又相对较长的运动形式，主要是靠糖原的无氧代谢提供能量。这样，糖原无氧代谢产物——乳酸便会在体内大量堆积。因此，运动后应多补充蔬菜、水果等碱性食品，以加速乳酸的清除，达到尽快消除疲劳的目的。

物理手段

按摩及牵拉

见图 2-3-12

(1)通过刺激神经末梢、皮肤结缔组织和毛细血管的按摩方法，可以使紧张的肌肉得以放松，从而改善局部组织和全身的血液循环，达到促进身体机能恢复的目的，这种方法可以在锻炼后马上进行。

(2)此外，还可以采取缓慢牵拉肌肉的方法，使收缩的肌肉得到充分的伸展放松。

水疗及电疗

(1)水疗包括芬兰式蒸汽浴、热水浴和桑拿浴等多种形式，主要作用是通过提高体温，促进血液循环，清除代谢物，以达到尽快消除疲劳、恢复体力的目的。

(2)水疗的时间一般以不超过 30 分钟为宜，如果时间过长，会进一步消耗体力，严重时甚至会出现暂时性脑缺血现象。

（3）如果条件允许，还可对疲劳的肌肉进行低频治疗。低频治疗仪的原理是模拟针灸疗法，使用时将电极用不干胶对称地粘贴在运动部位表皮上。这种疗法可以促进局部血液循环，改善组织代谢，缓解肌肉酸痛，消除疲劳。

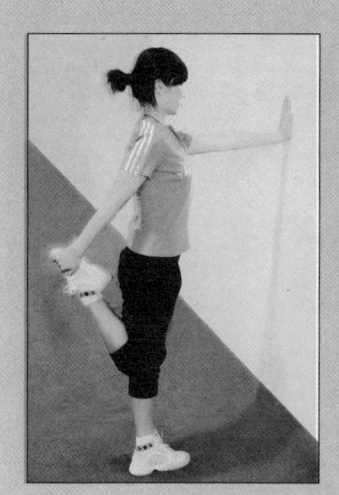

图 2-3-12

第三章 健身路径锻炼方法

健身路径的种类繁多,作用不尽相同,不同年龄阶段有不同的适用器械,深受健身者的喜爱。为使健身者更好地利用器械健身,下面将常见的33种健身路径的锻炼意义、使用方法及在锻炼中应注意的问题加以详细介绍,以避免健身者产生锻炼误区。

第一节 单杠、双杠

单杠、双杠是常见的力量型器械，由于锻炼内容多样，因此在社区健身中被普遍采用。主要的适用人群包括青少年、青壮年、上臂无力者、握力较差者、亚健康者和体质较弱者等，但高龄人群不宜练习，患有高血压、心血管疾病和动脉粥样硬化的患者禁止练习。

健身器械

单杠、双杠构造简单。一般来说，社区或学校都可设置。

结构　见图3-1-1

（1）单杠由两根支撑立柱水平支撑一根圆杠构成，支撑立柱竖直立在地面上，下面有底盘；

（2）双杠由两根相同规格的杠子构成，两根杠子位置平行，在同一高度，每根杠子由两根竖直立柱支撑，立柱下面是一个起到固定作用的底座。

作用

单杠、双杠的动作较多，经常练习，对于增强肩部、腹背肌肉力量和灵活协调性以及空间定向能力都有重要作用。

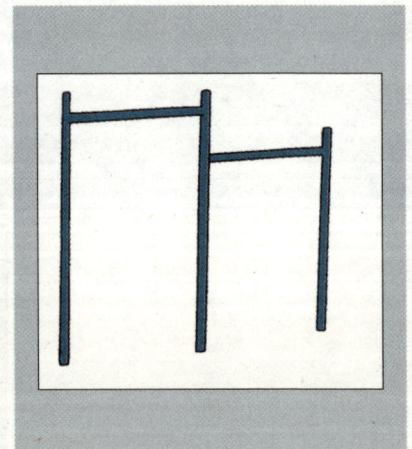

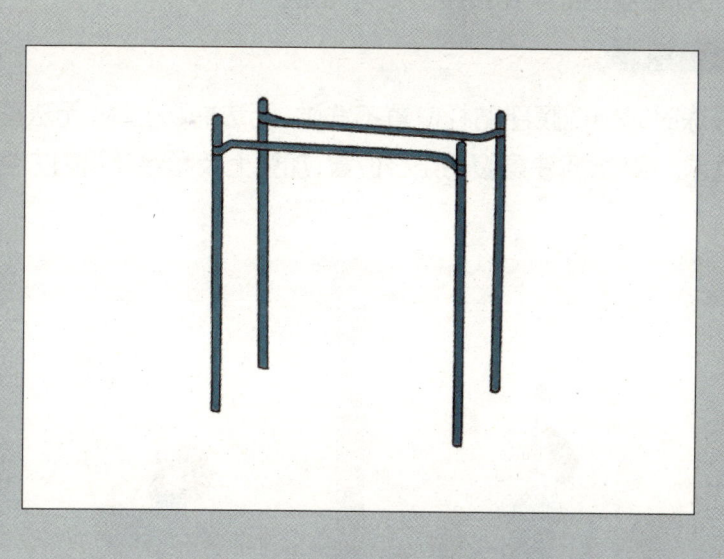

图 3-1-1

##

单杠和双杠的锻炼方法较多,可根据健身者不同的锻炼需求,选择不同的锻炼方法,包括单杠翻身上、单杠引体向上、单杠悬垂举腿、双杠支撑前摆下和双杠臂屈伸等。

单杠翻身上

动作方法 见图 3-1-2

(1)从直臂悬垂开始,然后屈臂引体,同时收腹举腿,上体后倒,使腹部贴杆,两腿后伸;

(2)当身体接近水平时,制动腿,抬上体,翻腕成支撑。

技术要点

(1)翻上时腹部贴杆位置要准确,为小腹中上部;

（2）练习者的上肢和腰腹肌要有力量。

错误纠正

锻炼时易出现腹部贴杠位置不准确、无法抬起上体、无法翻上单杠等问题。因此，应注意腹部贴杆位置，加强上肢和腰腹肌肉力量的训练。

图 3-1-2

单杠引体向上

动作方法　见图 3-1-3

（1）两手抓杠，握距略比肩宽，可正握（手心向外），也可反握（手心向内），身体自然悬垂；

（2）两臂用力屈肘，带动身体上引，一直到头部下缘过单杠的水平面或接近胸部，然后慢慢还原至手臂伸直，重复多次；

（3）将身体往上拉时吸气，放下时呼气。

技术要点

（1）正握单杠较反握单杠难度略大，若身材较高可屈小腿，以使身体离地；

（2）拉起时下肢尽可能不要摆荡，依靠上肢力量上拉。

错误纠正

锻炼时初学者易出现无法引体拉过下颌等问题。因此，应加强三角肌和肱二头肌等小肌肉群的力量练习，也可让他人在练习初期给予适当的帮助，直到练习者能独立完成动作为止。

健身路径锻炼方法

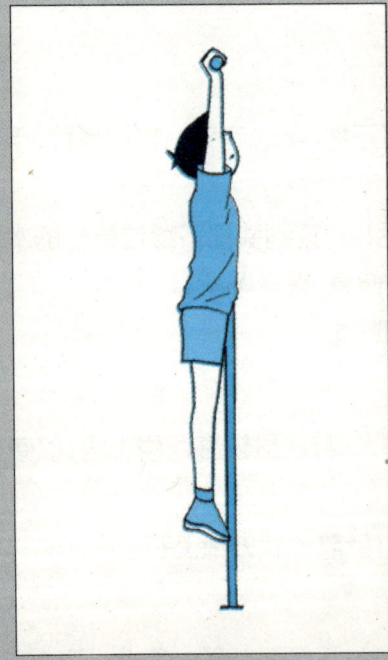
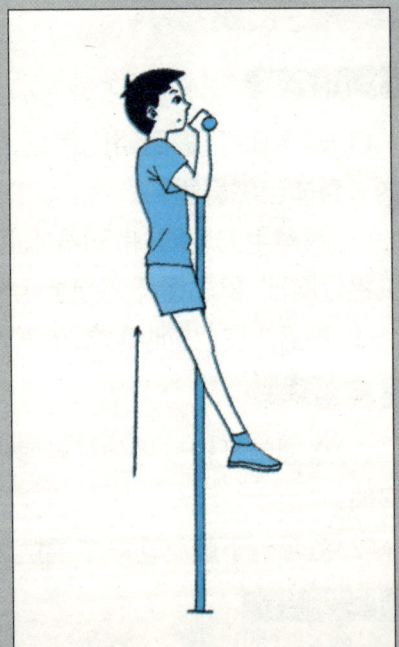

图 3-1-3

单杠悬垂举腿

 见图 3-1-4

（1）两手握单杠呈悬垂，两腿并直（或屈膝），向前上方举腿并收腹；

（2）根据练习者的力量及熟练程度的不同，举腿的高度也不同。

技术要点

收腹举腿一定要找好时机，腿过杠下垂直部位后收腿，必要情况下可用标志物引导。

错误纠正

锻炼时易出现摆动幅度过大，导致脱手等问题。因此，应减小摆动幅度或在他人保护帮助下完成。

图 3-1-4

双杠支撑前摆下

 动作方法　见图 3-1-5

两手握双杠呈悬垂,两臂用力支撑,两腿并拢前摆,至最高点处,推手向侧跳下。

技术要点

练习时可先进行几次预摆,当向前摆动过杠水平面时,方可推手跳下。

错误纠正

锻炼时易出现跳下时不果断、摆动过程中屈臂等问题。因此,初学者应在他人保护帮助下完成,在完成动作时一定要勇敢、果断。

图 3-1-5

双杠臂屈伸

动作方法 见图 3-1-6

两手握双杠呈悬垂,由支撑开始,两臂同时弯曲,重心下移,收腹含胸,两臂再伸直,重复完成。

技术要点

(1)屈臂时,两肘关节向后,上臂和前臂尽量折叠,夹角小于90度;

(2)伸臂时,两肘内合用力伸直撑杠。

错误纠正

锻炼时易出现力量不足,无法撑起身体等问题。因此,应加强肱三头肌小肌群的练习,或练习初期在他人保护帮助下完成动作。

图 3-1-6

第二节

压腿架

压腿架是一种改善身体柔韧性的既简单又实用的锻炼器械,是中老年健身爱好者喜爱的项目之一。经常进行压腿练习,可有效地提高健身者身体的柔韧性,延长人体的运动寿命和提高健康状况。

压腿架是一种非常简易的健身器械,普遍适合各年龄段的健身者使用。

结构 见图 3-2-1

(1)压腿架由立柱和压腿横杠构成;

(2)有些器械还在压腿杠上设计了不同高度的横杠,以适应不同身高、不同体质的人练习。

作用

(1)提高踝、膝、髋关节的灵活性,拉伸大腿后侧、内侧和前侧韧带,扩展关节的活动范围,使僵硬紧绷的肌肉,尤其是腰背肌、大腿后群肌得到舒展,缓解下肢疲劳;

(2)压腿架既可作为运动前的准备活动器械,也可作为发展身体柔韧性的练习手段。

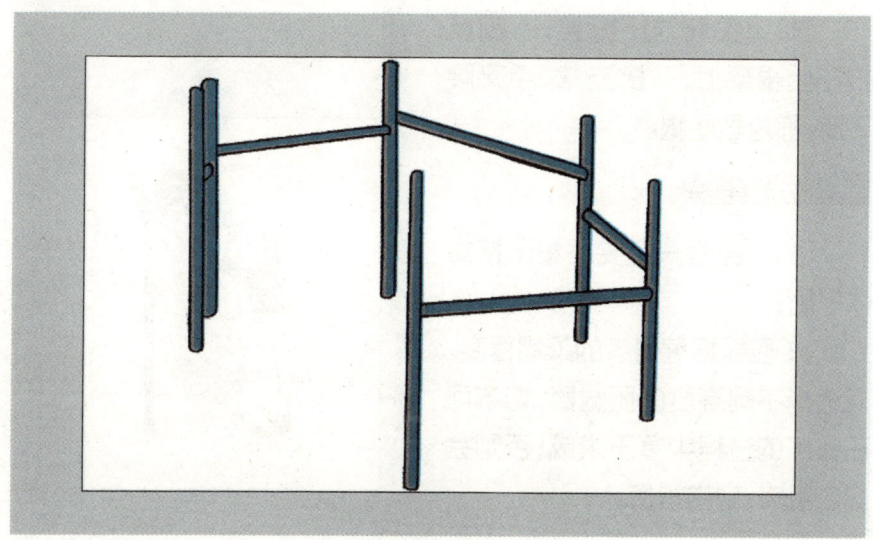

图 3-2-1

锻炼方法

压腿架的锻炼方法主要有正、侧、后压腿等。

动作方法　见图 3-2-2

(1)健身者站立在器械前,面向器械,在尽力保持身体平衡的条件下,抬起左脚或右脚放置在适当高度的横杠上,并慢慢地使该腿的膝关节伸直，保持膝关节伸直状态，上身向前倾压，以伸展相应的肌肉和韧带；

（2）支撑腿脚尖向前，称为正压腿，以伸展身体后群的肌肉和韧带为主；

（3）支撑腿脚尖横向，称为侧压腿，以伸展身体侧面的肌肉和韧带为主；

（4）如果背对压腿架，一脚反扣在压腿架上，一脚支撑，手叉腰下蹲，称为后压腿。

技术要点

（1）健身者一定要尽量保持身体平衡；

（2）应根据健身者的柔韧程度，来选择不同高度的压腿器，切不可在锻炼的过程中急于求成，否则会造成肌肉、韧带拉伤。

错误纠正

锻炼时易出现站立不稳等问题。因此，应根据压腿部位的不同，采用不同的站立方向，同时可抓握相应参照物，以维持身体的平衡。

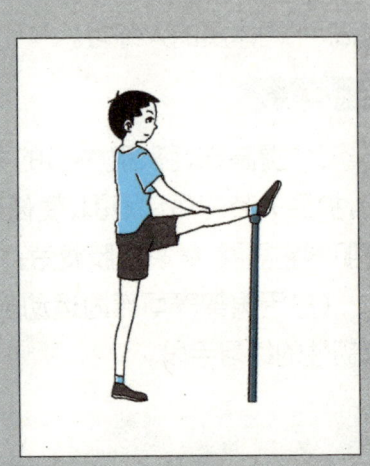

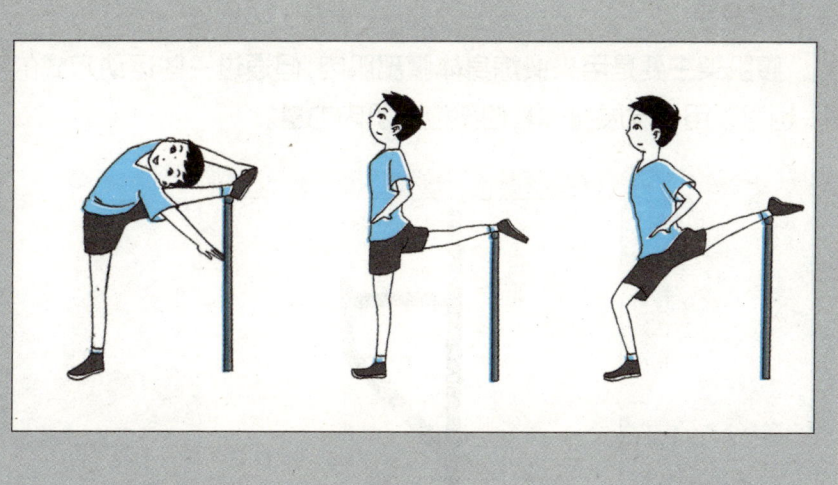

图 3-2-2

第三节

腹肌架

锻炼腹肌是目前很多人都比较热衷的，因为强健的腹肌不但能提高身体的运动能力，还能塑造完美的体形。腹肌锻炼相较于使用仰卧起坐、两头起等比较传统的锻炼方法外，利用腹肌架无疑是更好的选择。

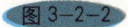健身器械

腹肌架由于它独特的、比较贴近人体结构的设计，使得其锻炼方法简单，效果明显。

 见图 3-3-1

腹肌架由两根平行立柱、横杆、曲轴、把手和底部支撑杆构成。

作用

腹肌架主要是用来锻炼身体腹部肌肉,但通过一些运动方式的变化,也可以用于发展身体其他部位的肌肉力量。

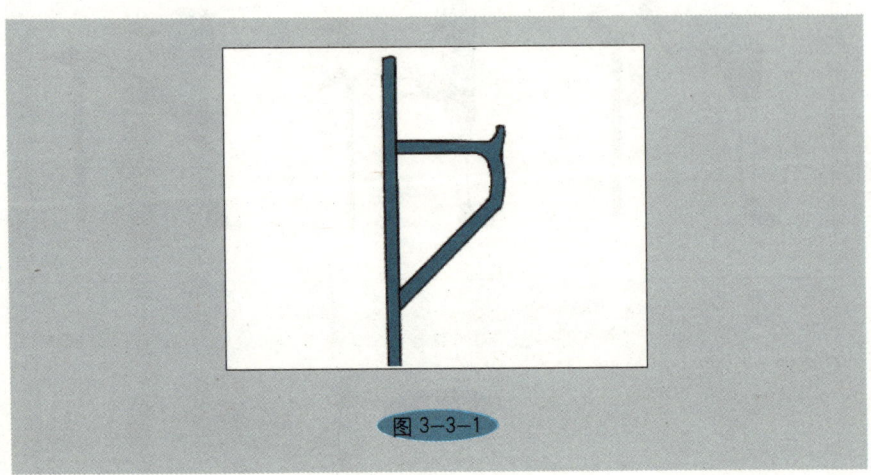

图 3-3-1

锻炼方法

根据个人锻炼的腹部肌群、小肌群位置和强度的不同,可以采用不同的锻炼方法,包括支撑收腹举腿和双臂屈伸等。

支撑收腹举腿

动作方法 见图 3-3-2

(1)背对器械,两肘撑在撑臂环上,两手紧握扶手,后背紧靠在腹肌架的靠背上;

(2)依靠腹肌力量,两腿同时上举,与身体约成 90 度角,保持该姿势 10 秒左右放下,如此反复进行。

技术要点

要使两臂、两手及后背与器械紧密接触,否则会阻碍发力。

※ 错误纠正

锻炼时易出现举腿时屈腿的现象影响锻炼效果。因此,应加强股四头肌的练习,保持良好的身体姿势。

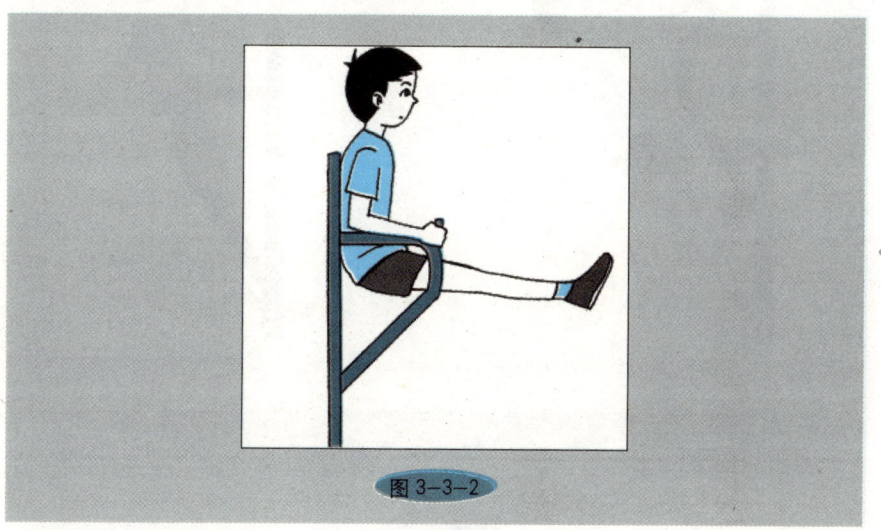

图 3-3-2

▽ 双臂屈伸

※ 动作方法　见图 3-3-3

(1)面对器械,两手伸直紧握扶手,两脚踩在底端支撑杆上,躯干肌肉保持绷紧状态,使身体约成 60 度角倾斜;

(2)两手屈臂用力,将身体拉起,直至胸部靠近扶手,然后手臂慢慢放松,回至起始位置,如此反复进行多次。

※ 技术要点

腿部、躯干在完成动作的过程中一定要保持肌肉的绷紧状态,这样才能达到健身的目的。

※ 错误纠正

锻炼时易出现身体主动向器械靠拢,达不到锻炼效果等问题。因此,应尽可能保持身体绷紧,以达到最好的锻炼效果。

图 3-3-3

第四节

梅花桩

梅花桩因模拟了中华传统武术中的梅花桩而得名,它是一种锻炼身体柔韧性、灵敏协调能力和平衡能力的健身器械。长期练习,对提高健身者身体的柔韧性、灵敏协调能力和平衡能力有较大帮助,是既简便又实用的健身路径。

梅花桩不同于其他的健身器械,由于自身结构简单、数量多、形状奇特而受到健身者的喜爱。

结构

见图 3-4-1

（1）梅花桩一般用金属制成，桩高约 10 厘米，桩面呈梅花形，一组梅花桩阵一般由 11 个梅花桩组成，有些排列成梅花形，有些则排成直线；

（2）每个桩面上分别标有 A、B、C……直至 H、I、G 及 OK 等字母，以引导健身者依次踩踏。

作用

梅花桩主要用于提高身体的灵敏性、协调性和平衡性。

图 3-4-1

锻炼方法

在进行梅花桩练习时，要做到身随脚动，脚随眼动，身体高度协调一致。锻炼方法包括桩上行和交叉走桩等。

动作方法　见图 3-4-2

从左脚踏上 A 桩开始，按英文字母顺序行走直至终点 OK 桩，再从 OK 桩返回到 A 桩。

技术要点

此项锻炼可提高健身者的平衡能力，因此在锻炼时应尽量使身体保持平衡，必要时可张开两臂。

错误纠正

锻炼时易出现重心不稳、身体无法自控等问题。因此，应遵循由慢到快，由简单到复杂的走法。

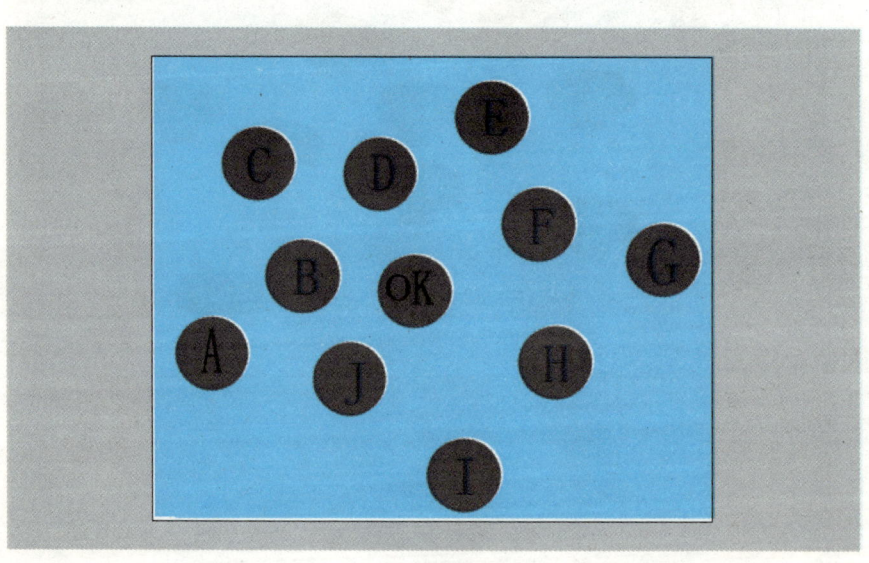

图 3-4-2

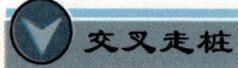

动作方法　见图 3-4-3

右脚踏上 A 桩开始，两腿交叉行进，到 OK 桩后，再返回到 A 桩。

技术要点

此项锻炼不仅可以提高健身者的平衡能力,而且由于两腿需交叉行进,还可锻炼下肢的协调能力,因此在锻炼时要尽量按"交叉"的要求来进行。

错误纠正

锻炼时易出现判断不准,头、眼、脚不协调,重心不稳等问题。因此,应加强判断能力和身体自控能力训练,由慢到快逐步提高练习难度。

健身路径锻炼方法

图 3-4-3

第五节

推手架

推手架是一台模仿太极推手运动的健身器械，故而得名。该器械适宜人群较广，主要用于提高健身者身体的灵敏协调能力，是一种较为普遍的健身路径，深受群众喜爱。

健身器械

推手架结构简单，练习方法简便，是一种老少皆宜的健身路径。

结构 见图3-5-1

推手架由立柱、推手和护环组成，可绕立柱做圆周运动，推手与立柱的连接略带阻力，以增加锻炼的强度。

作用

推手架能够有效地增强健身者上下肢和腰部的肌肉力量，以及各关节周围韧带的弹性，从而使之保持良好的功能。

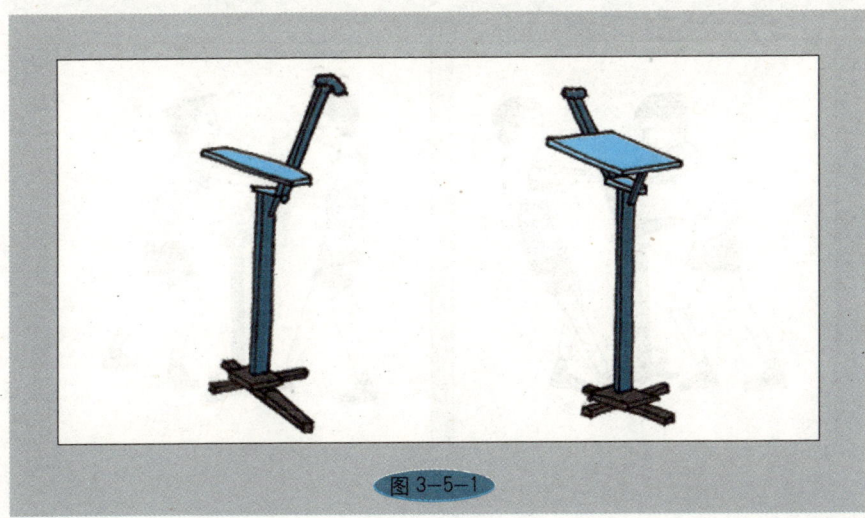

图3-5-1

锻炼方法

健身者可模仿太极的推手动作，结合推手架能达到更好的锻炼目的，更能提高身体的柔韧性和协调能力。

动作方法　见图3-5-2

（1）可一人单练也可两人对练，健身者面向器械，以弓步站立，左脚在前，右脚在后；

（2）两手握住推手的握把，模仿太极推手动作，推动推手做圆周运动；

（3）健身者可通过两臂的"推磨"运动形式，并结合弓步屈伸，进行全身运动。

技术要点

两臂推转时腰腹部应配合用力，腿部也应顺着运动轨迹做前屈后伸动作。

错误纠正

锻炼时易出现两手或手脚用力不协调等问题。因此，应加强身体控制能力的锻炼，以达到用力协调一致。

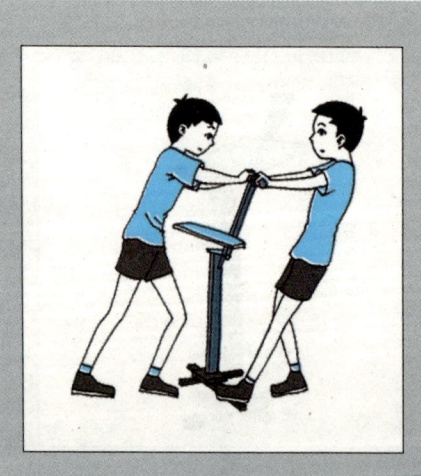
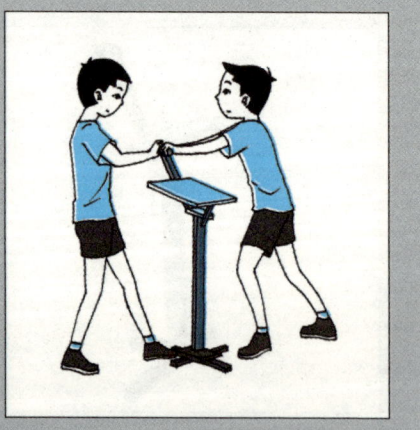

图3-5-2

第六节 太极推手器

太极推手器是根据传统的强身健体的思想,以太极拳的基本动作——推手作为基本锻炼形式的一种设计新颖的健身器械。它具有增强上下肢和发展关节周围韧带弹性的作用,适用人群较广。

太极推手器,原理简单,操作简易,因此受到广大中老年健身爱好者的喜爱。

结构

见图3-6-1

(1)太极推手器的基本构造包括支架和转盘;

(2)转盘成对安装,其表面有许多黄豆大小的按摩凸点;

(3)转盘以斜向约60度角安装,以配合推手动作的完成。

作用

(1)通过肩、肘、髋、膝等关节的活动和手掌按摩,达到贯通血脉、活络筋骨、增强相关肌群功能的目的;

(2)转盘上的按摩点可对手掌心进行按摩,并通过经络与内脏功

图3-6-1

能建立起密切的联系,以改善人体内脏的功能,从而促进健康。

锻炼方法

健身者结合器械模仿推手动作,锻炼协调能力,发展上肢和下肢力量的同时,也可以通过器械对身体的按摩,达到舒筋活血、活络筋骨的作用。

动作方法　见图3-6-2

(1)健身者面对器械,两脚开立与肩同宽,两膝略弯曲,呈马步;

(2)两手张开,平放于两圆盘一侧表面的边缘,做太极推手动作,并推动转盘转动。

技术要点

(1)练习过程中,推至右边时,腰部以下重心应向右移,右腿呈弓步;

(2)推至左边时,重心向左移,左腿呈马步,反复进行。

错误纠正

锻炼时易出现两手用力不协调、用力过猛等问题。因此,应加强身体控制能力的锻炼,以达到用力协调一致。

图3-6-2

第七节

云手转轮

云手转轮采取太极拳中"云手"动作之意,故而得名。锻炼时,健身者可以使两臂做向左、向右的转轮运动,以加强肩关节的灵活度,增强上肢肌肉力量,改善肩部柔韧性。

健身器械

云手转轮构造简单,练习方法灵活,因此受到广大中老年健身爱好者的喜爱。

结构 见图3-7-1

云手转轮的基本构造是立柱和转轮,一般由两个紧挨着的转轮组成,两个转轮间略呈一定角度,转轮上有手柄供健身者握持。

作用

云手转轮可以加强肩关节的活动度,增强上肢的肌肉力量,改善上肢的柔韧性。

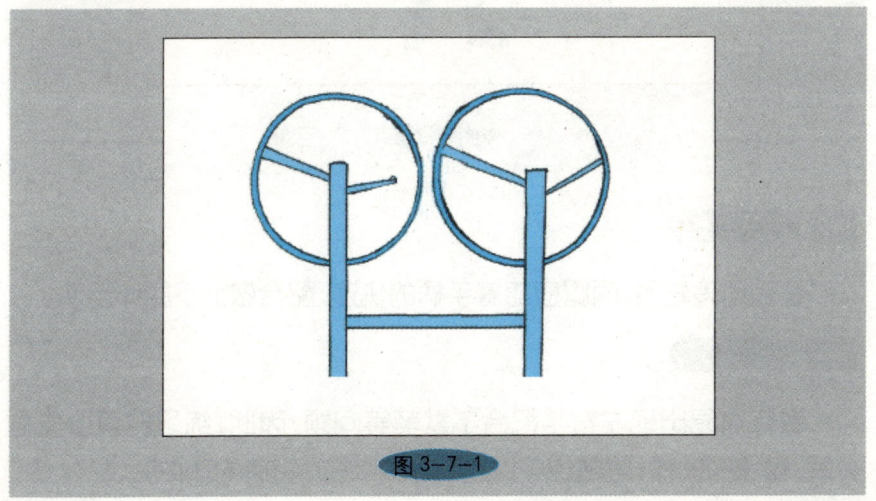

图3-7-1

锻炼方法

健身者结合器械模仿云手动作,锻炼协调能力,发展上肢和下肢力量。

动作方法 见图3-7-2

(1)面向器械,两手分别抓住两个转轮的手柄,两腿左右开立,略宽于肩,两手通过转动手柄使转轮转动;

(2)转轮的转动方向可由健身者自己掌握,可两手同时向右转,也可同时向左或相向转动转轮。

图3-7-2

技术要点

在转动转轮时,两腿应随着手柄的轨迹,配合做上下屈伸运动。

错误纠正

锻炼时易出现左右手配合不默契等问题,因此,练习时可以先做分解、慢速的动作,等熟练了以后再做完整的、快速的动作。

第八节 屈膝摇摆台

屈膝摇摆台是通过健身者两腿在器械上面的交替用力,从而产生左右摇摆动作,以达到健身目的的一项健身器械。通过摇摆平台锻炼,既可提高健身者前庭器官的适应能力,又可增强其身体平衡机能的稳定性和灵活应变能力,从而达到提高健身者平衡能力的目的。

健身器械

屈膝摇摆平台结构简单,使用安全,对改善下肢及腰部的灵敏性与协调能力有一定帮助。

结构 见图 3-8-1

屈膝摇摆台的主要部件包括支架、扶手和踏板。踏板的上沿为平面,是健身者脚踩的地方;踏板的下侧为圆弧形。

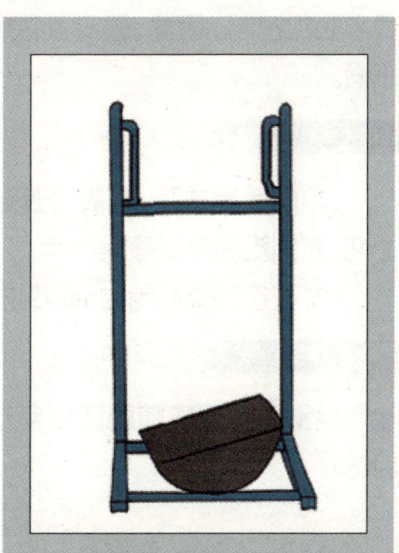

作用

通过借助屈膝摇摆台的锻炼,可以使身体两侧的腰肌得到充分的活动和锻炼,对预防腰腿痛病有一定的作用。

健身路径锻炼方法

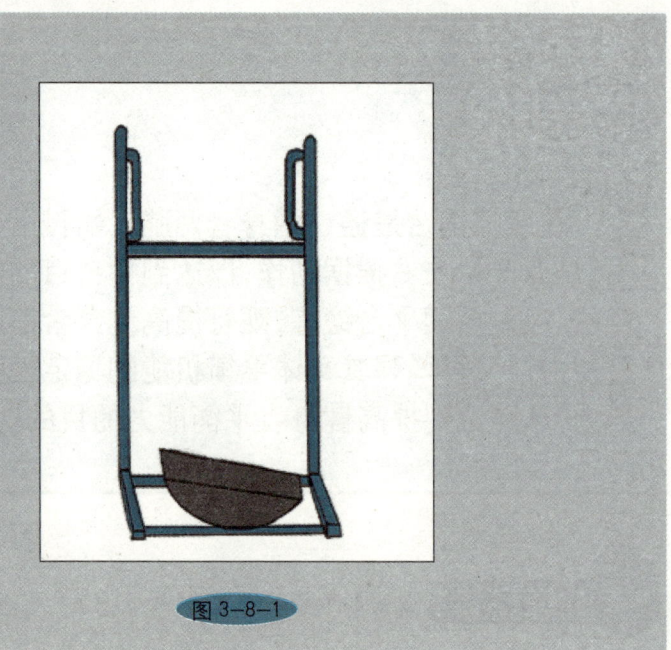

图 3-8-1

 锻炼方法

健身者在使用摇摆平台进行锻炼时，在身体重量的作用下，摇摆平台会不规则地左右大幅度晃动，其晃动幅度和频率取决于身体对自身中心的控制。因此，健身者必须十分灵活地调整自己的身体，以保持平衡。

动作方法　见图 3-8-2

（1）两手握扶手，两脚分开站在踏板上，一侧腿用力，使对侧踏板上翘，对侧腿顺势屈膝呈弓步；

（2）左右腿交换用力，反复进行。

技术要点

运动时肩部应随屈膝做反方向摆动，以形成体侧运动，达到健身目的。

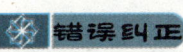 错误纠正

锻炼时易出现左右腿用力不平衡、重心控制不好等问题。因此,应加强身体自控能力的锻炼,以达到协调用力的目的。

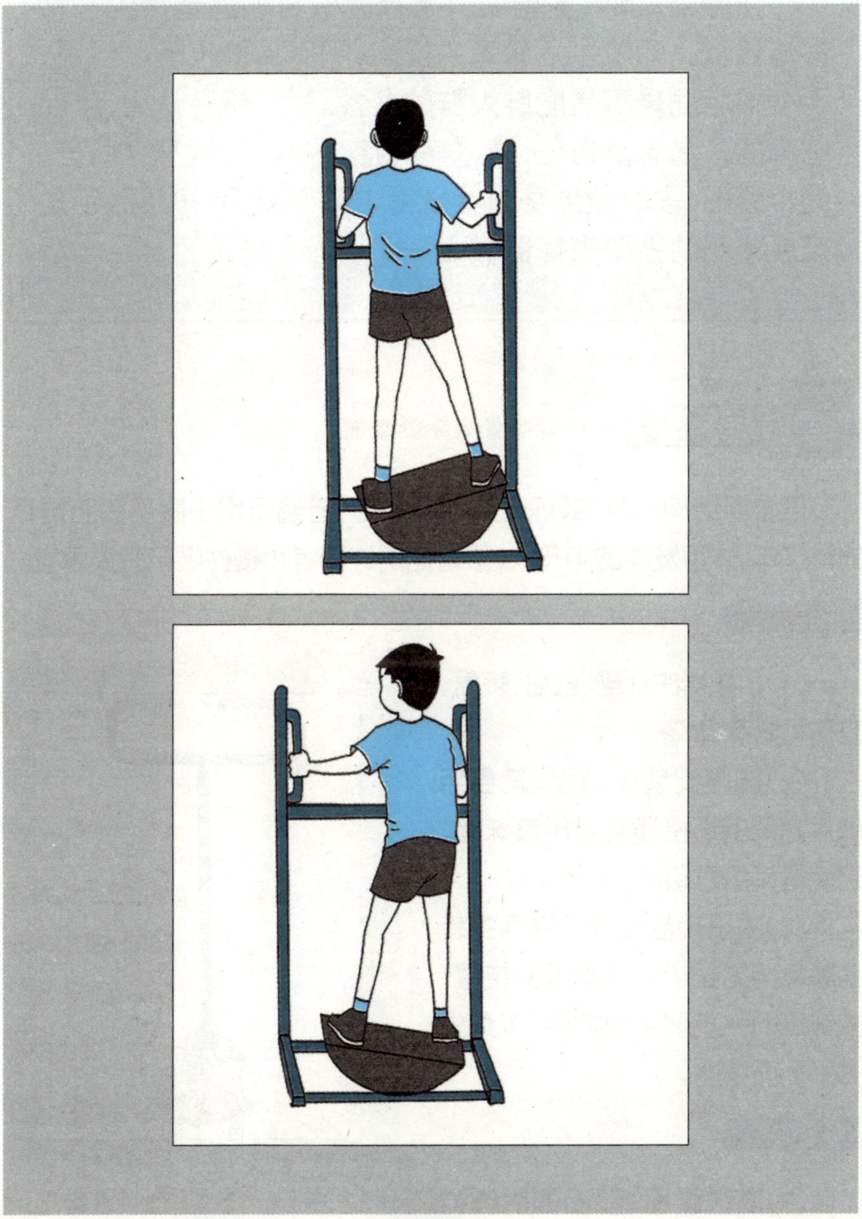

图 3-8-2

第九节 扭腰器

扭腰器又称"美腰器",是社区健身普遍选用的一种锻炼器械。随着生活质量的提高,肥胖人群也随之出现,而腰部脂肪堆积是肥胖人群的共性。科学研究认为,腰部肥胖的人易患高血压、糖尿病等症。因此,对健身者而言,缩小腰围、去除腰部赘肉就显得十分必要,而扭腰器正是瘦腰减肥的重要锻炼器械之一。

健身器械

扭腰器结构简单,锻炼方法容易掌握,普遍适用于腰部脂肪堆积的青少年,体型发胖的中年人,腰臀比例失调者和慢性腰肌劳损患者。

结构　见图3-9-1

(1)扭腰器由底座、底盘、转盘、立柱和把手组成;

(2)底座安装于地面,转盘与底盘之间的连接通常是用滚珠环,它使得转盘活动自如;

(3)由于转盘与底盘之间的转动摩擦阻力很小,又无限位装置,故锻炼时一定要手握把手,以免失去平衡而摔倒。

作用

(1)增强腰部、腹部的肌肉力量,尤其是腰肌的力量;

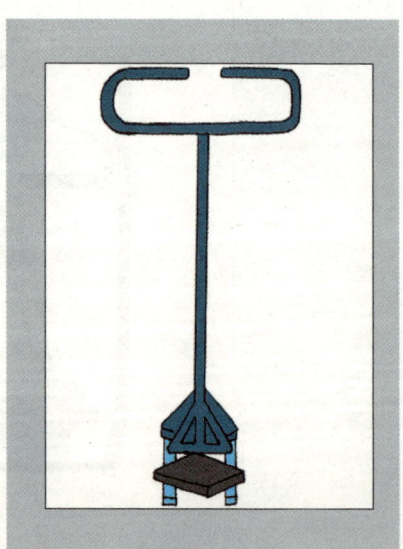

图3-9-1

（2）提高颈椎、胸椎、腰椎关节的灵活性，改善腰、背部血液循环，缓解腰背肌肉紧张状态，防止腰肌劳损。

锻炼方法

健身者根据自身需要，以身体感觉轻松或略累为标准，每周锻炼5～7次，每次3～4组，每组30次以上。为达到减肥目的者，每组不应少于150～200次。

动作方法　见图3-9-2

（1）两手扶住把手，与肩同宽，两脚平稳而自然地站在转盘上，上身保持自然向前姿势，两肩轴线与把手保持平行；

（2）向左右方向反复做转体练习，使躯干两侧肌肉群充分拉伸。

技术要点

站立位置要适中，两侧保持均衡，避免站于圆盘的一侧，使器械因受力不均而产生损坏。

错误纠正

锻炼时，容易产生动作幅度和强度过大等问题。以此，应由小到大，逐渐加强动作幅度和强度，控制扭动幅度一般不要超过180度，同时有意识地使用腹式呼吸，以配合一左一右扭腰的练习。

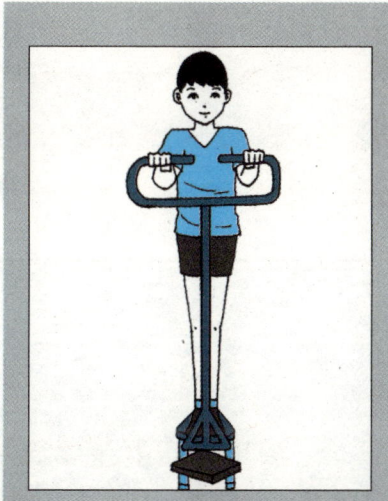
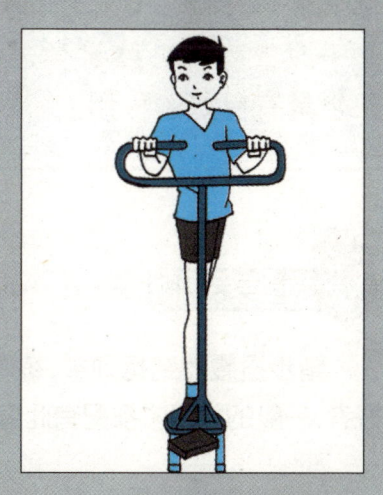

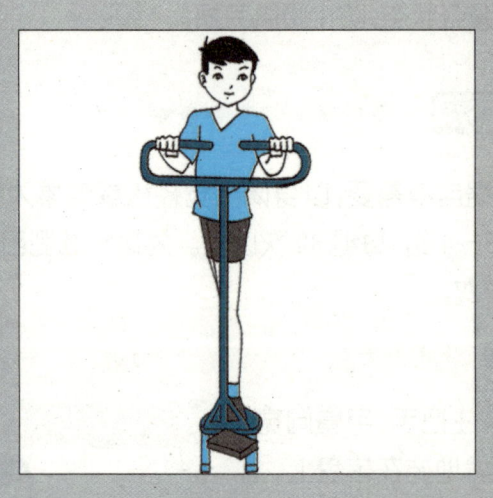

图 3-9-2

第十节 踏步扭腰器

踏步扭腰器是集踏板与扭腰两种锻炼功能于一体的健身器械。它能够锻炼健身者下肢和两侧的腰肌，对于改善腰、髋、膝等关节的功能及防止腰腿酸痛病的发生具有良好的作用。

健身器械

踏步扭腰器结构简单，练习方法容易掌握，适用于大多数健身爱好者，一般的社区中都配有此健身器械。

结构　见图 3-10-1

踏步扭腰器包括扶手和踏板，设计的独到之处在于，踏板与整机是通过一个中央轴连接，当踩下一侧的踏板时会连动产生转体动作。

作用

踏步扭腰器不仅能使完成踏步动作的下肢肌肉得到锻炼，同时也能活动两侧的腰肌，对于改善腰、髋、膝等关节的功能，以及防止腰腿酸痛病的发生具有一定的作用。

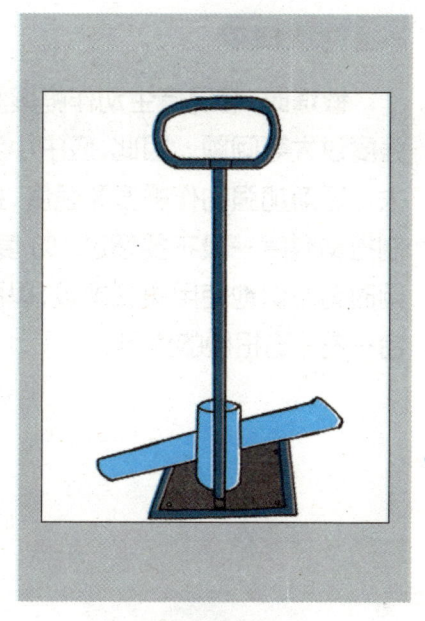

图 3-10-1

锻炼方法

踏步扭腰器锻炼方法简单、安全，能有效地改善下肢和腰部以及关节周围小肌群的力量。

动作方法　见图 3-10-2

（1）手握扶手，站立于踏板上，左右脚交替踏步；

（2）在踏步时，肩部与下踩的腿做反方向扭动，形成"扭秧歌"动作；

（3）反复进行。

技术要点

（1）初学者应注意从慢速开始，踏步用力不可过大，待熟练后可根据自己的体力情况逐步加快速度；

（2）上器械时应从低端踏板先上，运动结束下器械时则应先下高端踏板。

错误纠正

锻炼时,容易产生动作幅度和强度过大等问题。因此,应由小到大,逐渐加强动作幅度和强度,控制扭动幅度一般不要超过180度,同时有意识地使用腹式呼吸,以配合一左一右扭腰的练习。

图 3-10-2

第十一节 云梯

云梯,就如其名字一样,是横挂在空中的一把梯子,要求健身者以手代步,手臂和身体协调一致。云梯练习可以发展健身者的上肢力量,提高身体的灵敏、协调能力。

健身器械

云梯多数外形为直线形,也有些设计为"S"形、圆形或半圆形。它们的锻炼原理相同,非直线形云梯横杆之间的跨度随着外形弯曲程度而有变化,因此锻炼的难度略有增加。

结构　见图 3-11-1

(1)云梯的构造比较简单,包括立柱、支架、横杠等;
(2)云梯的高度一般高于普通人的手足间距,装有十多个横杠。

作用

云梯锻炼可以发展上肢肌肉力量，提高身体的灵活性与协调能力。

图 3-11-1

云梯

锻炼方法

进行云梯练习前，要充分热身，把上肢和肩关节活动开，避免在练习过程中拉伤。锻炼方法包括悬垂依次行进和悬垂车轮跑等。

动作方法　见图 3-11-2

（1）站在云梯的一端，上举两手，向上跳起，两手正握横杠，两脚离地，身体腾空；

（2）在身体悬垂的情况下，以一手抓紧横杠，另一手迅速放开，并向前抓下一个横杠，待身体平衡后，换另一手向前抓杠，如此两手交替，以手代步前行；

（3）跳起正手（反手）握横杆，两手交替前进，到另一端后返回。

技术要点

如健身者身高较高，可两腿膝关节略屈，以达到身体腾空的要求。

错误纠正

锻炼时易出现力量不足无法抓握、身体不协调、两臂不能交替行进等问题。因此，应增强上肢和手指力量，同时加强自身灵敏性和协调性的训练。

图 3-11-2

云梯

悬垂车轮跑

动作方法 见图 3-11-3

跳起,正手握住横杠,两腿呈跑步姿势练习。

技术要点

(1)该项练习的运动强度较大,主要锻炼并提高健身者手的握力及上肢力量;

(2)健身者务必循序渐进,量力而行;

(3)锻炼前应进行充分的热身活动。

错误纠正

锻炼时易出现力量不足无法抓握、身体不协调、两臂不能交替行进等问题。因此,应增强上肢和手指力量,同时加强自身灵敏性和协调性的训练,以达到最佳的锻炼效果。

063

图 3-11-3

第十二节 臂力训练器

臂力训练器，顾名思义，是以发展上肢力量为主的一种训练器材。它结构简单，适合各年龄段的健身者使用。

健身器械

臂力训练器动作简单易做，锻炼效果明显，主要用于锻炼上肢的肌群和前臂腕屈肌等，是社区健身的常用器械。

结构 见图 3-12-1

臂力训练器主要由两根立柱、一根横杆和一个哑铃构成。

作用

（1）臂力训练器主要用于发展上肢力量，能够增强手指的抓握能力和手部肌肉力量、上肢肌群的肌肉力量；

（2）臂力训练器还能够提高腕关节、肘关节、肩关节、髋关节周围肌肉和韧带的柔韧性，扩大以上各关节的活动范围。

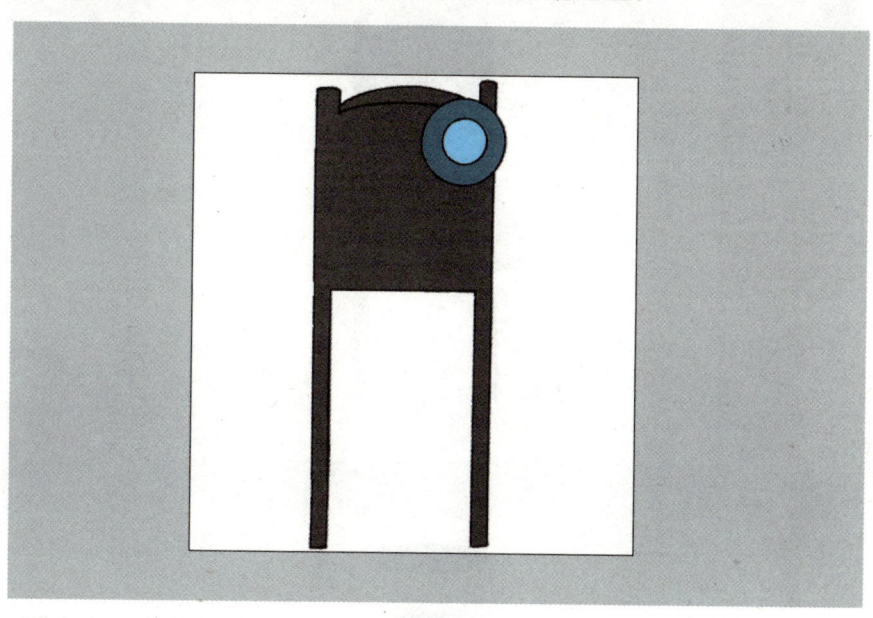

图 3-12-1

锻炼方法

锻炼强度应该依据个人身体条件决定，普遍为每周 5～7 次，每次 3～5 组，每组 8～12 次为宜。

动作方法　见图 3-12-2

站在器械前，两臂分别从近端立柱左右推杠铃至高处，并回放。

技术要点

注意杠铃回放时动作要慢。

错误纠正

锻炼时易出现关节拉伤或上下肢不能协调用力等问题。因此，在做好准备活动的同时，应增强身体协调性的练习。

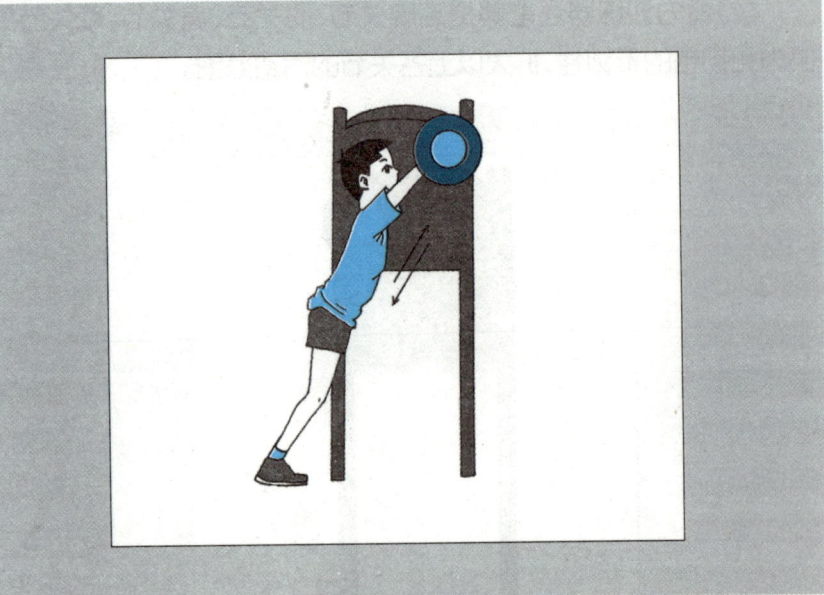

图 3-12-2

第十三节 转体训练器

转体训练器的健身方法简单易行,而且在健身时,健身者可根据自己的锻炼目标,选择不同的方法,具有较强的个体针对性。

健身器械

转体训练器操作容易,动作简单,是一种深受欢迎的健身器械。

结构 见图 3-13-1

转体训练器包括两根立柱、一根横杆及横杆上的两个吊环和底盘等。

作用

转体训练器主要发展脊柱肌肉、腹内斜肌及腹外斜肌的柔韧性。

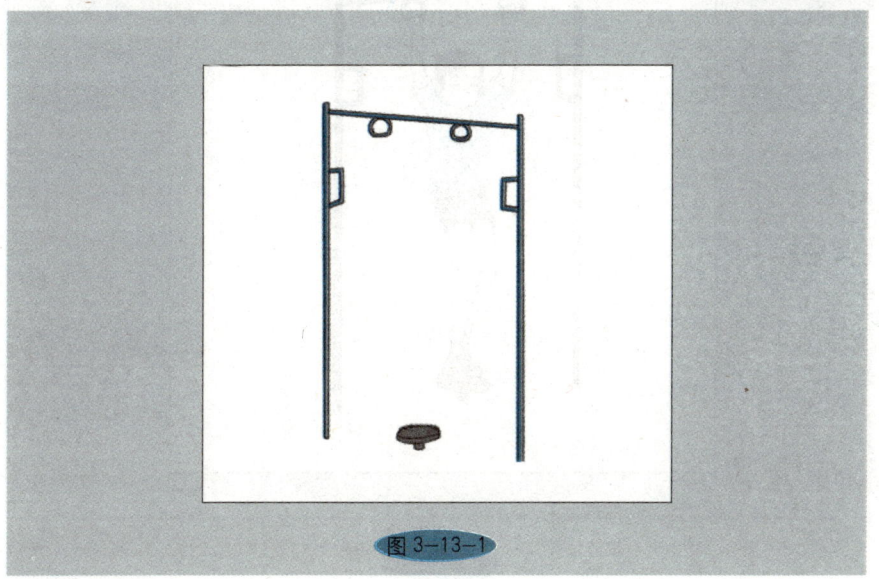

图 3—13—1

锻炼方法

转体训练器的健身方法比较简单,根据个人力量的大小,可以采用完全悬垂的锻炼方法,也可采用上肢固定、脚踩圆盘的方法。

动作方法　见图 3—13—2

站在底盘上,两手抓住两环,做转体练习,两脚可离开底盘,也可不离开。

技术要点

转体幅度要超过 90 度才会产生较好的锻炼效果。

错误纠正

锻炼时易出现身体转动幅度过大、自身控制不好等问题。因此,应使动作幅度由小到大,注意调整呼吸,尽可能一次转动配合一次呼吸,不要憋气,以达到最好的锻炼效果。

图 3-13-2

第十四节 上肢牵引器

上肢牵引器是社区健身设施中非常受欢迎的一项康复型锻炼器械。通过锻炼,可以改善健身者肩关节的活动能力,增强肩带肌肉力量,对于预防肩周炎有较好的效果。

健身器械

上肢牵引器结构简单、造价低、练习方法易掌握,适宜大多数健身爱好者使用。

结构

见图 3-14-1

（1）上肢牵引器由立柱、挑杆、滑轮和牵引绳索等部分构成；

（2）绳索两端装有手柄，通过滑轮可供健身者自由牵拉。

作用

（1）上肢牵引器对于改善肩关节的活动能力，增强肩带肌肉力量，改善局部血液循环，预防肩周炎有较好的效果；

（2）对于已经患有肩周炎的人来说，它也是一种具有较好疗效的体育康复疗法。

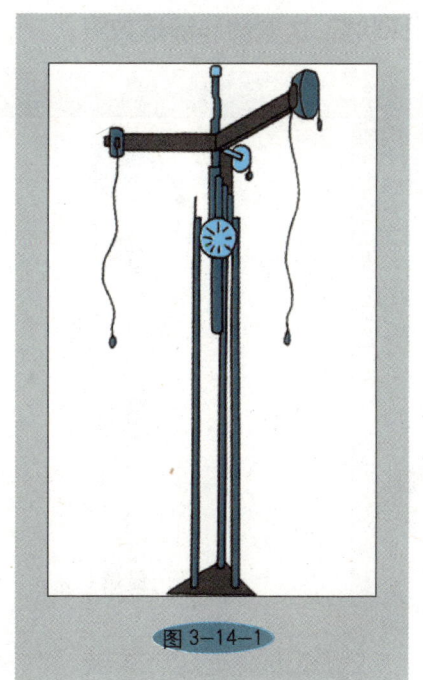

图 3-14-1

锻炼方法

健身者在使用牵引器时，可根据自身要锻炼的部位，采用不同角度的牵引，以达到最佳的锻炼、康复或预防肩部疾病的目的。

动作方法

见图 3-14-2

两手握住手柄，左右手交替牵拉绳索，通过手臂的上下交叉运动，使肩关节及相关部位的肌肉得到锻炼。

技术要点

锻炼的动作既可以是上举，也可以是外展。

错误纠正

锻炼时易出现节奏紊乱、用力不均衡等问题。因此，应注意调整两臂的用力力度，尽可能达到平衡用力，更好地改善两肩的局部血液循

环状况,达到最佳锻炼效果。

图 3-14-2

第十五节 摸高器

摸高器锻炼,是指通过向上纵跳来发展身体弹跳能力的一项健身锻炼项目。在进行锻炼时,应注意穿运动鞋,并进行适当的热身运动,还应检查地面是否平坦,以避免发生运动损伤。

摸高器结构简单,占用空间小,锻炼方法易掌握,受到青少年健身者的普遍喜爱。

结构　见图 3-15-1

（1）摸高器的主要构件一般有立柱、悬臂和挂在悬臂上的高度牌（球）；

（2）有些器械的悬臂呈螺旋状盘旋上升，有些呈"V"字形展开；

（3）在悬臂上一般设有多个高度牌（球），两个牌（球）之间的高度差为 2～3 厘米，而有些则用一根斜向横梁作为触摸点。

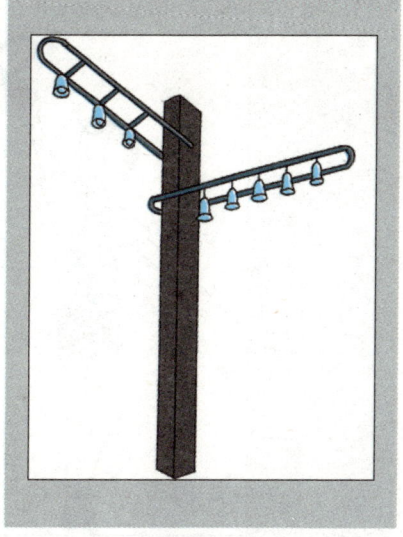

图 3-15-1

作用

摸高器可发展身体的弹跳能力。

锻炼方法

摸高器的练习方法虽然简单，但练习前应进行充分的热身。

动作方法　见图 3-15-2

（1）面对摸高器原地站立，尽力向上举起一手，测量指尖的高度；

（2）原地屈膝用力向上跳起，在跳起时迅速向上伸臂，用指尖触摸上方的高度牌，跳起触摸的高度减去原地站立时指尖的高度即为弹跳的高度。

技术要点

起跳时应注意正确的运用两手的摆臂动作，以帮助提高成绩。

错误纠正

锻炼时易出现摆臂与起跳用力不协调一致等问题。因此，应在起跳过程中先通过上臂的摆动带动身体，然后通过下肢发力，达到上下肢协同用力，使起跳充分。

图 3-15-2

第十六节

慢跑机

慢跑机是从传统跑步器的基础上发展而来的一种健身器械。可有效地提高两腿肌肉快速收缩的能力，同时对心血管系统也有良好得刺激，有助于建立良好的新陈代谢机能。

健身器械

慢跑机构造简单，使用方法简单易学，适用人群广，受到人们的普遍的欢迎。

结构 见图 3-16-1

（1）慢跑机的主要构件包括支架、扶手和跑台；

（2）跑台表面用一组圆柱形滚轴代替室内跑步器上的跑动皮带，

极大地增强了器械的耐用性;

(3)跑台以一定仰角安装,圆柱形滚轴中带有一定的阻力,需要一定的力量才能使其转动,以增加练习的强度。

作用

(1)通过在慢跑机上的锻炼,可有效地提高两腿肌肉快速收缩的能力;

(2)通过在慢跑机上的锻炼,还能提高心血管系统动能,增强人体的能量代谢机能。

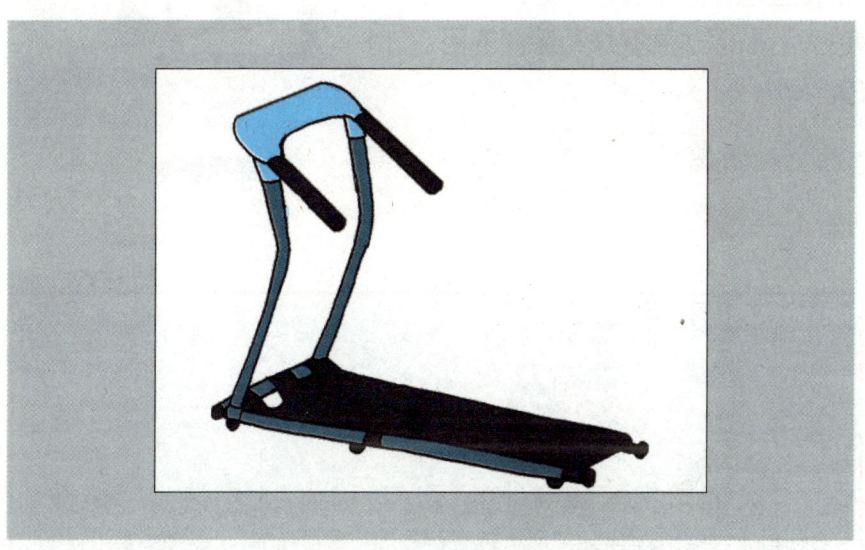

图 3-16-1

锻炼方法

健身者在使用慢跑器时,根据自身条件调节跑或走的速度,以自身能承受的速率进行锻炼为最佳。

动作方法   见图 3-16-2

两手握住扶手,健身者站在跑台上,身体略前倾,匀速地慢跑或走。

技术要点

练习时须注意迈腿时要提膝，使前脚掌落在第一根滚轴上，向后方踩动。

错误纠正

锻炼时易出现跑动时脚跟先着器械，造成膝部损伤等问题。因此，应注意保持前脚掌着地跑步的良好习惯，以达到锻炼和保健的目的。

图 3—16—2

第十七节 太空漫步机

人们常把两脚离地的行走戏称为"太空漫步"，能提供此项运动的器械则被称为"太空漫步机"。太空漫步机主要是利用悬垂摆动的原理设计的，对增强下肢的活动能力，改善髋关节的灵活性有较好的效果。

健身器械

太空漫步机的活动式踏板设计综合了漫步、慢跑、静止自行车的锻炼效果，而且练习中，人的膝关节、踝关节受到的压力较小，从而使运动疲劳降到了最低。

结构　见图3-17-1

（1）太空漫步机的基本构造主要有底座、斜型支撑、把杆、悬臂及踏板；

（2）构成底座的槽钢通常是焊接成一体的，并固定于混凝土地上；

（3）社区健身所用的太空漫步机，通常都是两个一组，可供两人同时锻炼。

作用

（1）太空漫步机能增强下肢的活动能力，改善髋关节的灵活性；

（2）上下肢并练的太空漫步器对上肢肌肉力量的增强也有一定的效果。

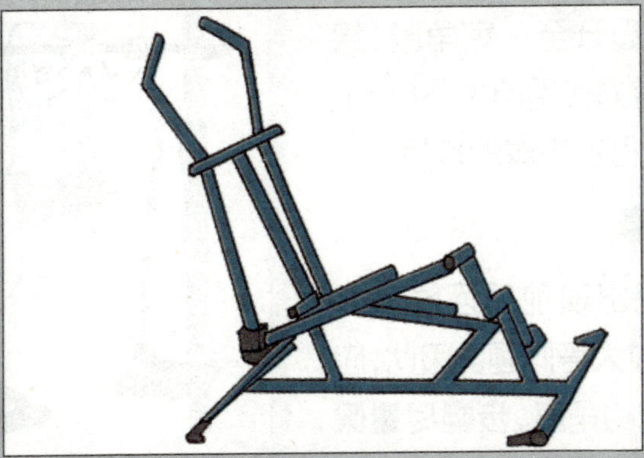

图3-17-1

依照不同的锻炼形式,太空漫步机又分为单练下肢的太空漫步机和上下肢并练的太空漫步机两种。前者的悬臂上端通过固定轴承与斜型支撑相连,下端与脚踏板相连,运动时脚踏板以悬臂上端连接点为轴心做圆周运动;上下肢并练的太空漫步机则各有两根悬臂和踏板相连接,悬臂同时又与把杆相连,运动时把杆随着踏板的前后运动做相向运动,运动时脚踏板的轨迹接近平行。

单练下肢

 见图3-17-2

(1)两手握住横杠,两脚分别踩在左右两个踏板上,身体保持自然站立姿势;

(2)右腿前迈,左腿后抬,过渡到左腿前迈,右腿后抬,如此周而复始,使两腿以自然协调的姿势交叉迈步。

技术要点

在迈步时,左腿膝关节要尽量保持伸直,以髋关节为轴心向前迈步,同时右腿也尽量保持伸直,向后抬起,两腿迈开至一定角度(约60度)时,顺重力作用自然下行,至垂直线时再进行左右腿的转换。

错误纠正

锻炼时易出现前后摆腿角度不一致、步幅过大等问题。因此,应注意前后摆腿的角度,步幅尽量保持在前后腿呈60度角左右。

图3-17-2

 上下肢并练

动作方法 见图 3-17-3

（1）两手正握把手，两脚分别踩在左右两个踏板上，身体保持自然站立姿势；

（2）右腿膝关节保持伸直，以髋关节为轴心向前迈步，同时握住把手的右手顺势向后拉动，左腿也尽量保持伸直向后蹬，左手则向前推动把手；

（3）后续动作同单练下肢。

技术要点

手脚要协调配合才会达到健身效果。

错误纠正

锻炼时易出现手脚不协调、速度过快等问题。因此，应逐渐缓慢增加动作的幅度，手脚协调，同时注意配合呼吸训练，运动速度应为每分钟完成 40~50 次往返运动，以求达到最佳效果。

图 3-17-3

第十八节 健骑器

健骑器因其造型及使用时人机整体上下起伏的姿态，犹如健儿跨骑骏马而得名。通过健骑器的锻炼，可以使全身大部分肌肉参与运动，从而提高心肺功能和心血管的耐受能力。

健身器械

健骑器是综合训练器，适合于上下肢力量薄弱和腰肌力量不强的人群锻炼。

结构

见图3-18-1

（1）健骑器由底座、座鞍、脚蹬及把手等部件组成；

（2）健骑器的底座一般用水泥在现场浇注，使用时更加稳固；

（3）健骑器装有两对脚蹬，两对脚蹬不但前后水平位置不同，而且上下垂直高度也不一样；

（4）选择不同的脚蹬位置，可改变锻炼姿势，通过姿势的改变又可以变换锻炼部位，使身体得到更全面的锻炼。

作用

通过健骑器的锻炼，可以使上肢、下肢和腰腹肌肉群得到锻炼，

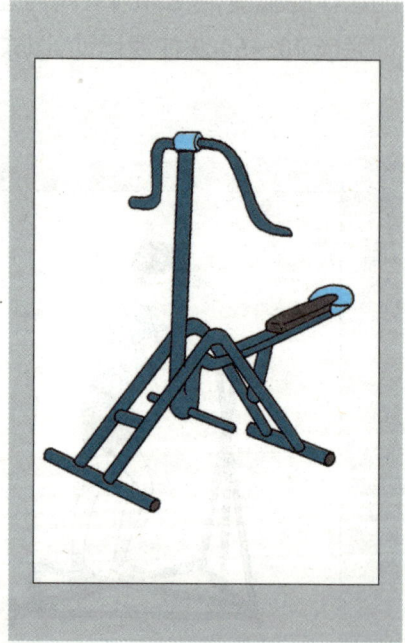

图3-18-1

从而强壮肌肉，增强力量，改善人体关节的活动性。

锻炼方法

锻炼时，以身体感觉轻松或者略微出汗为最佳。一般以每分钟 50 次左右的速度进行，中年人 1~2 组，青少年 2~4 组，老年人则根据自身实际情况确定，一般每周 3~5 次。锻炼方法包括上身训练和下肢训练等。

上身训练

动作方法 见图 3-18-2

（1）健身者以自然姿势坐在座鞍上，两脚踏住脚蹬，两手正握把手；

（2）运动时两腿不用力，而是依靠两臂用力将把手拉向自己身体，使健骑器前轴和座鞍绕主轴产生"折叠"，直至两腿蹬直，并使身体尽可能伸展；

（3）腿、臂部放松，在自重作用下，使健骑器回到初始位置，多次重复这一动作。

技术要点

健身者要两手握把与肩同宽，保持挺胸。

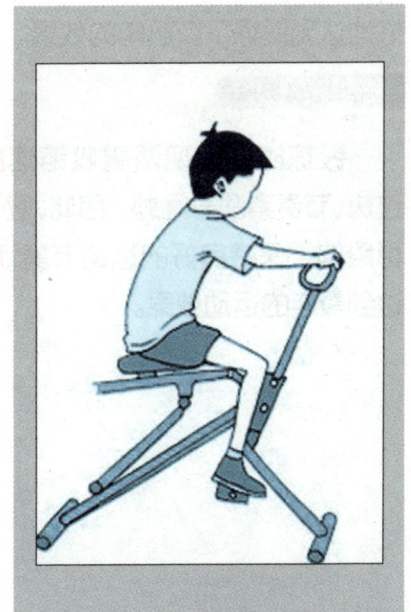

图 3-18-2

错误纠正

锻炼时易出现拉起或放下速度过快,导致身体失去平衡,影响训练连贯性等问题。因此,应用力控制器械回落的速度,使其缓慢回落,以达到最佳的锻炼效果。

下肢训练

动作方法　见图 3-18-3

（1）以自然姿势坐在坐垫上,两脚蹬住脚蹬,两手正握把手,与肩同宽,保持挺胸;

（2）运动时两手不用力,仅扶住把手以保持平衡,两腿用力向下蹬脚蹬,使健骑器"运动",直至两腿蹬直,以加大腿部的练习负荷;

（3）身体放松,回到初始位置,多次重复这一动作。

技术要点

两腿向下蹬脚蹬时,一定要使两腿蹬直后方可放松,这样才能很好地达到锻炼下肢肌肉的效果。

错误纠正

锻炼时易出现两腿收缩速度过快、节奏紊乱等问题。因此,应平稳蹬伸,保持良好的运动节奏,以达到最佳的运动效果。

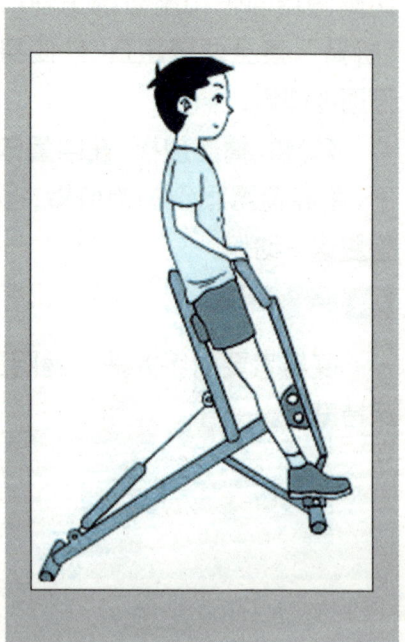

图 3-18-3

第十九节
划船器、划艇器

划船器、划艇器是模拟划船运动的健身器械,它们将原来只能在水上进行的运动搬到了岸上。通过锻炼,可以有效地增强腿、腰腹、上肢和腰背部的肌肉力量,同时还能有效地改善人体的呼吸循环系统。

划船器、划艇器设计合理,练习效果显著,适合青少年、青壮年,特别是心肺功能差、胸廓发育不良者锻炼。

结构 见图3-19-1

(1)划船器主要由固定坐垫、脚蹬、桨把和阻力构件等组成;

(2)划艇器的结构与划船器相类似,其主要的区别在于划艇器以滑凳代替了固定坐垫,滑凳安装在一导轨上,可前后滑动。

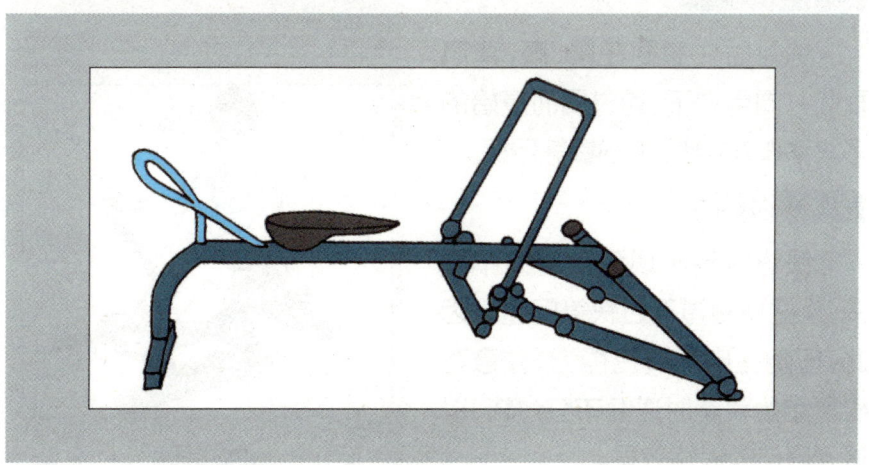

图3-19-1

作用

(1)利用划船器、划艇器锻炼,可有效地增强腿、腰、腹、上肢、胸和背部的肌肉力量;

(2)它们也是一项有氧耐力练习,能有效地增强健身者的心肺机能。

锻炼方法

练习时以身体感觉略累为宜,每周 3~4 次,每次 3~5 组,每组 10~20 次,组与组间休息 2~3 分钟。

划船器

动作方法　见图 3-19-2

(1)坐在坐垫上,两腿略微弯曲,两脚蹬住脚蹬,身体前倾,两手握住桨把,与肩同宽;

(2)练习时模拟划船动作,身体上身向后仰,同时两手用力,将桨把尽力拉向自己的身体;

(3)之后转换为将桨把向前推,同时身体前倾,恢复到起始状态。

技术要点

练习时注意要在腰、腹、背肌群的共同用力下,通过周而复始的多次动作,达到预期的锻炼目标。

错误纠正

锻炼时易出现手脚用力不协调、桨把恢复过程过快等问题。因此,应加强自身调控能力,注意在恢复起始状态时速度不宜过快,以达到最佳的锻炼效果。

图 3-19-2

划艇器

动作方法　见图 3-19-3

（1）屈腿坐在滑凳上，两脚踏住脚蹬，两手握住桨把，腰部弓起，并使滑凳前移；

（2）两腿用力蹬，使滑凳向后滑动，同时两臂和腰背肌用力，向后拉动桨把，直至两腿蹬直，身体后仰，桨把靠近自己的前胸；

（3）然后两臂向后推，同时两腿弯曲，腰部弓起，滑凳前移，使桨把恢复到起始状态；

（4）如此反复运动。

技术要点

注意上下肢协调配合，以达到健身的目的。

错误纠正

锻炼时易出现手脚用力不协调、桨把恢复过程过快等问题。因此，应加强自身调控能力，注意在恢复起始状态时速度不宜过快，以达到最佳的锻炼效果。

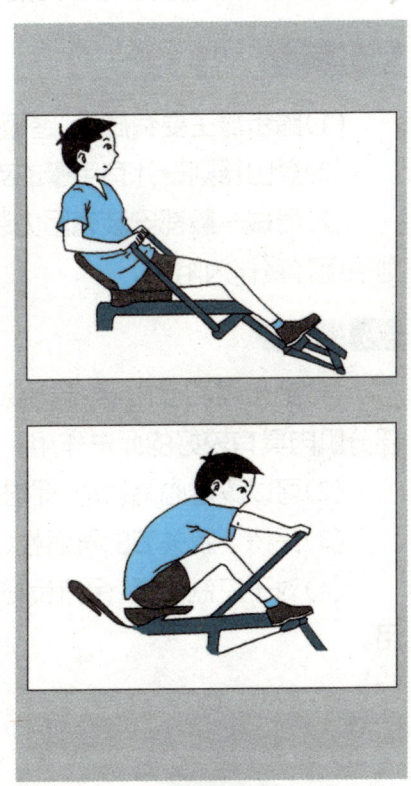

图 3-19-3

第二十节 踏步器、登山器

踏步器、登山器模拟了人们上楼、登山的运动形式，是一类以发展有氧耐力为主的健身器械。经常锻炼，可以增强健身者心血管收缩能力，从而提升其心脏功能。

踏步器和登山器在器械构造方面都有阻力装置，其原理都是通过下肢的运动，克服阻力，以达到健身的目的。

结构 见图3—20—1

（1）踏步器主要有底座、踏板、扶手以及阻力构件等构成；

（2）登山器则设计有手攀的支架，运动时需手脚并用；

（3）器械一般都安装有阻力装置，有些器械以油缸作为阻力，有些则采用弹簧作为阻力。

作用

（1）踏步器和登山器对发展四头肌、腹肌、臀肌、腓肠肌等身体大部分肌肉具有较好的促进作用；

（2）可以改善心肺功能，促进血液循环；

（3）保持下肢关节的灵活性，延缓衰老；

（4）对于控制体重、保持良好的体形、消除精神压力也有一定的作用。

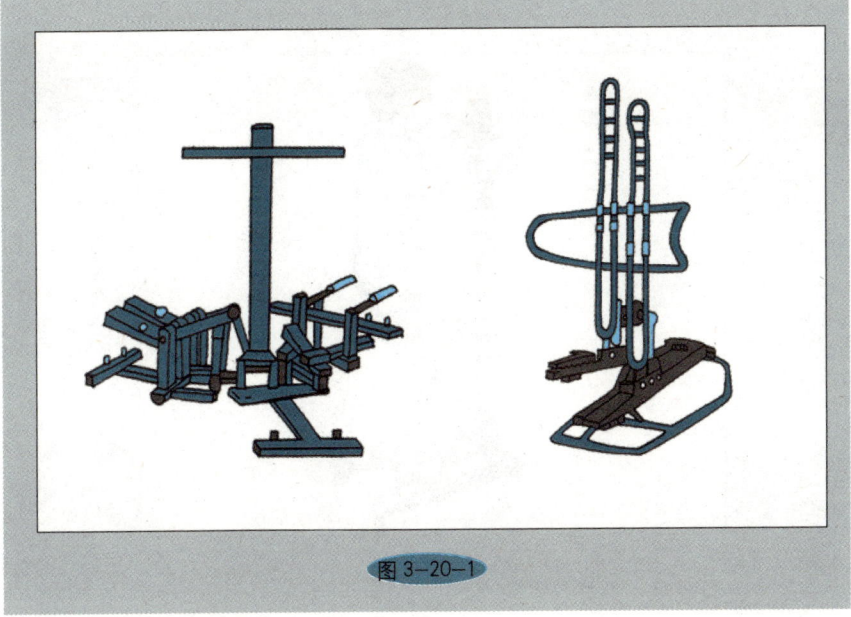

图 3-20-1

锻炼方法

踏步器与登山器同属于锻炼下肢肌肉的器械，健身者掌握其方法后，只要坚持锻炼，即可达到最佳的锻炼效果。

踏步器

动作方法 见图 3-20-2

（1）两手握住扶手，与肩同宽，两脚踏在两个踏板上；

（2）模仿登梯上楼动作，两脚依次交替用力，将踏板踏下。

技术要点

踏步时节奏要均匀。

错误纠正

锻炼时易出现两腿用力不均、踏步节奏紊乱等问题。因此，应注意控制两腿的用力，尽可能达到平衡用力。

图 3-20-2

登山器

动作方法 见图 3-20-3

（1）两手拉住手攀支架，其位置尽可能高；
（2）两脚踩在踏板上，站稳后模仿登山动作；
（3）两脚依次交替用力，将踏板踏下。

技术要点

运动时应手脚配合，做到一侧踏板踏下时，对侧手臂处于向上充分伸展的状态，以牵拉身体对侧的肌肉和韧带，达到力量和柔韧性同步发展的目的。

错误纠正

锻炼时易出现手脚用力不一致、身体控制不好等问题。因此，应加强手脚协同用力的锻炼。

图 3-20-3

第二十一节

肋木架

肋木架是一种十分简单的健身器械，但却有多种锻炼方法。该器械能有效地提高健身者的腰腹肌力量，改善其关节和韧带的柔韧性。

肋木架结构简单、占地空间小、锻炼方法多样，适合于柔韧性差、腰腹肌力量薄弱和患有肩周炎、腰肌劳损的人群锻炼。

结构

见图 3-21-1

肋木架由两根立柱和一组上下均匀排列的横杆构成，构造比较简单。

作用

肋木架主要提高健身者腰腹、下肢、脚腕力量以及四肢的灵活性与协调性。

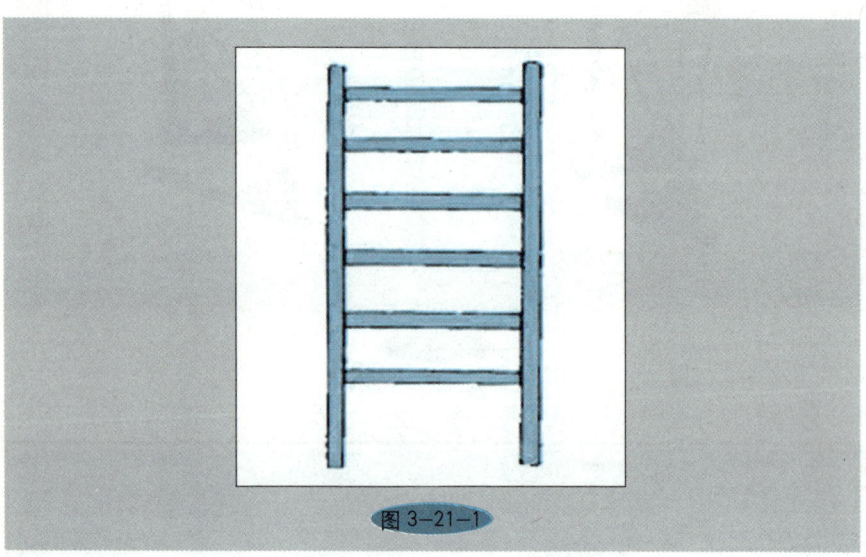

图 3-21-1

锻炼方法

肋木架一般多用于准备活动的开始和运动后的放松，当然也是提高腰腹肌力量的有效器械。在锻炼过程中以身体感觉略累为宜，一般每周 3～5 次，每次 2～4 组，每组 10～15 次，组与组间休息 1～2 分钟。锻炼方法包括悬垂摆腿、扶肋木蹲起、扶肋木摆腿和肋木提踵等。

悬垂摆腿

动作方法

见图 3-21-2

（1）两手握住最高横杆，背靠肋木呈悬垂姿势；

(2)右腿向前举到水平放下,再向侧举腿;
(3)换腿进行重复练习。

技术要点

(1)运动时身体保持静止;
(2)举腿时腿尽可能地保持伸直状态,否则影响练习效果。

错误纠正

锻炼时易出现大腿股四头肌力量不足,导致屈膝等问题。因此,应加强腿部和腰腹部肌肉力量的练习,以确保获得最好的锻炼效果。

健身路径锻炼方法

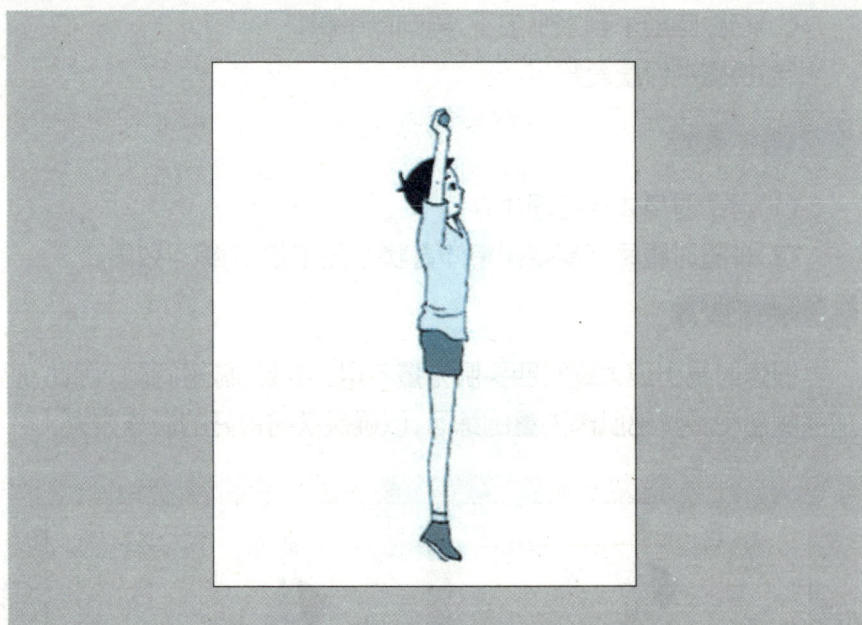

图 3-21-2

扶肋木蹲起

动作方法 见图 3-21-3

(1)面对肋木两手扶横杆,两脚与肩同宽;
(2)反复进行蹲起练习。

技术要点

(1)运动时上臂放松,保持身体平衡;
(2)下蹲时,大小腿的夹角约为 90 度。

错误纠正

锻炼时易出现手臂抓握高度过高或过低,影响蹲起幅度等问题。因此,应根据个体身高和臂长情况,抓握适当位置。

肋木架

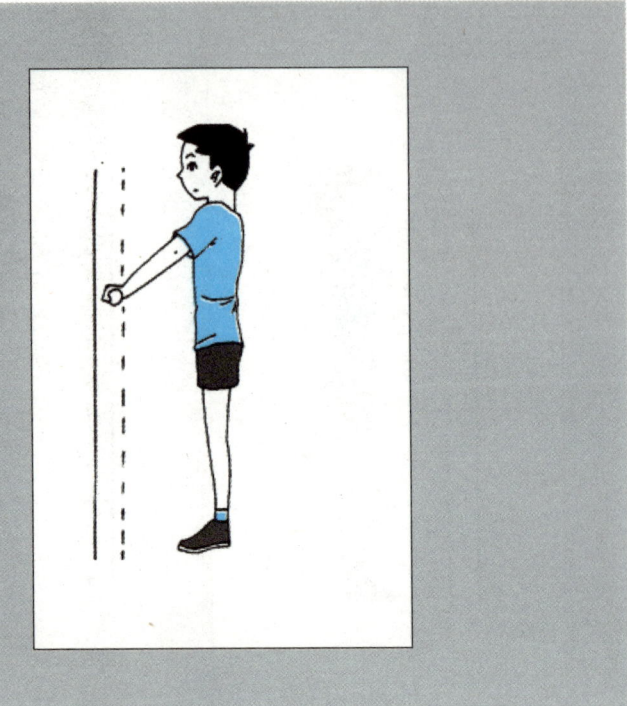

图 3-21-3

扶肋木摆腿

动作方法 见图 3-21-4

侧向肋木架,单手扶肋木摆腿。

技术要点

运动时保持腿为自然伸直状态,两腿交替进行。

错误纠正

锻炼时易出现转体不够、摆动腿的摆动幅度小等问题。因此,应以一脚为轴,结合身体转动和摆动腿的摆动来完成动作。

图 3-21-4

肋木提踵

动作方法　见图 3-21-5

两脚前脚掌蹬住肋木最低横杆,两手扶横杆,进行提踵练习。

技术要点

运动时,上臂不要用力,完全依靠提踵的力量使身体上下移动。

错误纠正

锻炼时易出现重心不稳、上肢用力等问题。因此,应控制好身体平衡,完全依靠小腿肌肉的收缩来带动身体重心的上下移动。

肋木架

健身路径锻炼方法

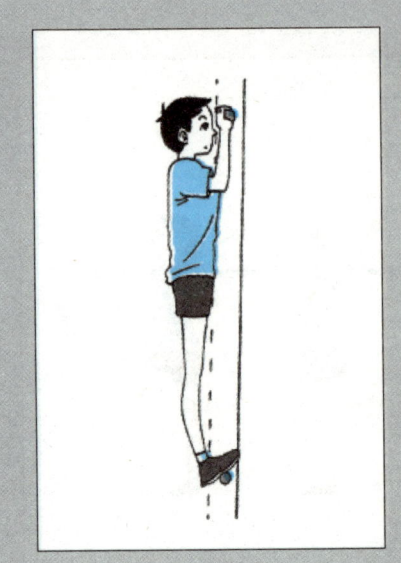

图 3-21-5

第二十二节

平衡木

平衡木的构造简单,其健身方法也简便易行,适合大众平日健身使用。平衡木锻炼对于改善健身者的平衡能力,具有积极的促进作用。

健身器械

平衡木是一项趣味性较强的健身器械,健身者可通过在平衡木上的锻炼,增强自我的平衡能力和控制能力。

结构 见图 3-22-1

(1)常用的平衡木由两三根平衡木拼接而成,一般拼接成"之"字

形,以增加器械的美观,加大锻炼的难度;

(2)平衡木的构成非常简单,有些平衡木用矩形方木,有些则采用圆形铁管。

作用

(1)平衡木主要以发展平衡器官为主;
(2)平衡木还可锻炼协调性;
(3)通过练习平衡木,可以培养健身者勇敢顽强的意志品质。

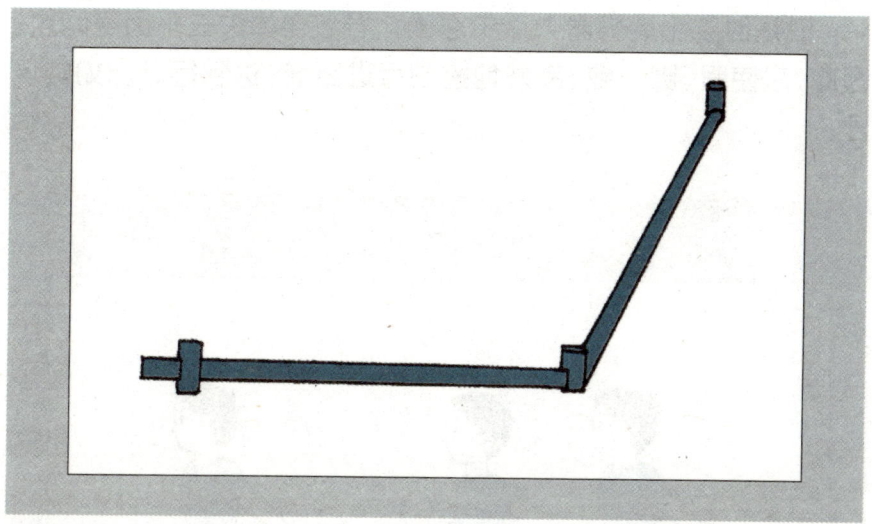

图 3-22-1

锻炼方法

平衡木的锻炼方法是将慢走或小跑平移到器械上进行,锻炼强度以自身感觉轻松为宜,身体微热即可,不要盲目追求难度,避免发生运动损伤。

动作方法   见图 3-22-2

(1)站在平衡木上,做向前、向侧、向后走,两臂侧举,以维持身体平衡；

(2)如果走得比较熟练，可以增加难度，把走变成提踵行走或小跑。

技术要点

在平衡能力已经掌握得比较好的基础上，方可提高行走速度，切不可只为求快，否则会失去锻炼的意义。

错误纠正

锻炼时易出现脚着力点不准确，导致身体失去平衡等问题。因此，应使眼、脚一致，良好地控制行进路线，达到行走自如的境界。

图 3-22-2

第二十三节 仰卧起坐平台

仰卧起坐平台构造简单,锻炼方法多样,如侧卧侧身起坐、团身起坐、负重团身起坐、起身后转体、屈膝或直膝两头起等,主要是发展上腹部肌肉。

健身器械

仰卧起坐平台设计简单实用,能满足大多数人群的健身需要。它使用方法简单、安全,健身效果好,多数社区均配有此器械。

结构 见图3-23-1

仰卧起坐平台构造比较简单,由一张平台、平台四角的四根立柱和平台一端的横杆构成。

作用

(1)仰卧起坐平台以发展上腹部肌肉(腹直肌、腹内外斜肌、髂腰肌等)为主;

(2)还可以发展腰腹力量,防止腰部脂肪大量堆积,同时保护腰部肌肉不易受到损伤。

图3-23-1

锻炼方法

在练习的过程中以身体感觉略累为宜,每周练习3~5次,每次2~4组,每组10~30次,组间休息3~5分钟。初学者应循序渐进,避免盲目追求数量。锻炼方法包括直臂(抱头)仰卧起坐、屈膝(直腿)仰卧举腿、俯卧背起和侧腰练习等。

直臂(抱头)仰卧起坐

动作方法 见图3-23-2

(1)身体仰卧,下肢固定,两臂前平举或抱头起上体;
(2)还可以进行静止练习,将上体起至45度角即可;
(3)也可以动、静结合,反复进行练习。

技术要点

(1)在充分拉长腹直肌的基础上,尽量收腹折体,使胸腹部贴近大腿;
(2)倒体时速度要慢,折体时可略快,注意团身。

错误纠正

锻炼时易出现股四头肌力量或腰腹肌肉力量不足、收腹不能达到45度角等问题。因此,应加强肌肉力量练习,同时逐渐加大锻炼难度。

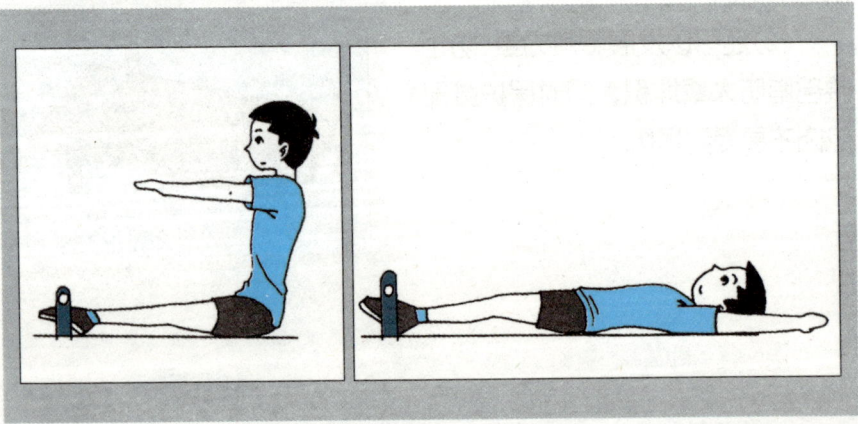

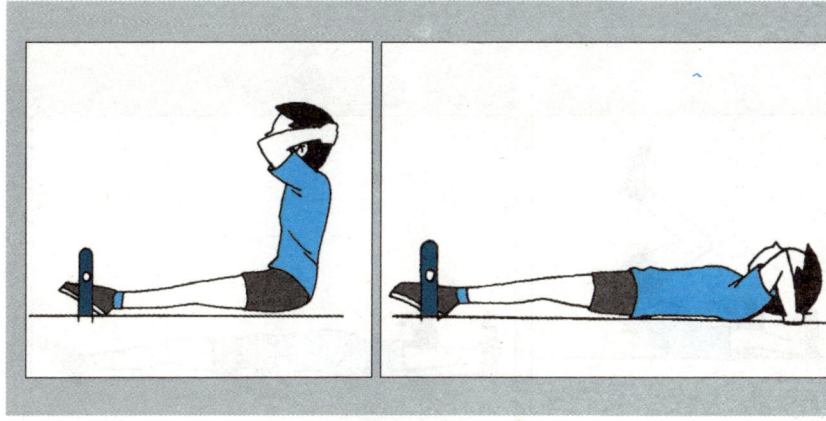

图 3-23-2

屈膝(直腿)仰卧举腿

动作方法 见图 3-23-3

（1）固定上体，仰卧屈膝或直腿收腹；

（2）还可以进行静止练习，将下肢起至 45 度角静止不动，或采用蹬自行车式练习；

（3）也可以动、静结合，反复进行练习。

技术要点

屈膝收腿时尽量使膝关节贴近上体。

错误纠正

锻炼时易出现收腿角度过小、无法连续完成动作等问题。因此，应加强腰腹小肌群练习，有效提高动作质量。

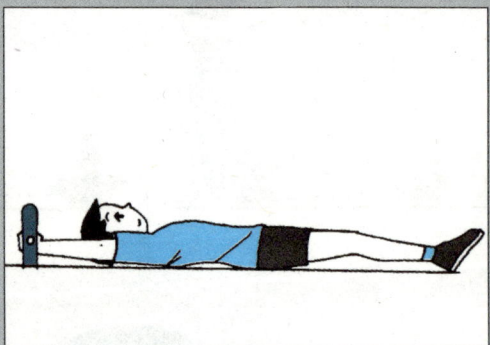

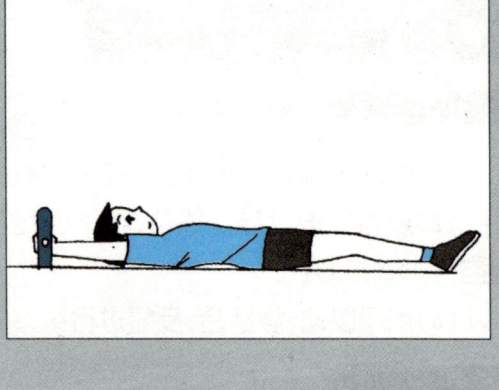

图 3-23-3

俯卧背起

动作方法　见图 3-23-4

（1）身体俯卧于平台上，固定下肢；
（2）两手放于身体两侧，或抱头做抬上体练习。

技术要点

全身发力，腹背部、腿部保持紧张状态。

错误纠正

锻炼时易出现背部与腿部角度过小,或无法连续完成动作等问题。因此,应加强腰腹小肌群练习,有效提高动作质量。

图 3-23-4

侧腰练习

动作方法　见图 3-23-5

(1)身体侧卧于平台,固定下肢,两手抱头,侧起上体;
(2)还可以进行静止练习。

技术要点

上体或下肢控制在 30 度角即可。

错误纠正

锻炼时易出现身体抬起角度过小、无法连续完成动作等问题。因此,应加强腰腹小肌群练习,有效提高动作质量。

健身路径锻炼方法

图 3-23-5

第二十四节
伸腰、下腰训练器

伸腰、下腰训练器的主要作用是改善健身者腰背部的柔韧性，也可进行一些其他练习，以锻炼其上肢力量和四肢的灵活性和弹性。

伸腰、下腰训练器占地面积相对较小，锻炼方法多样，主要适合于长期缺乏运动的坐班族、腰部脂肪堆积的肥胖人群以及腰部肌肉僵硬需要舒缓的人群。

结构　见图 3-24-1

（1）伸腰训练器主要由立柱、扶手环、圆柱形曲面等构件组成；

（2）下腰训练器则是从仰卧起坐平台衍生而来的，主要由平台和凸形曲面构成。

作用

（1）伸腰训练器主要锻炼腰腹力量和上肢力量；

（2）下腰训练器主要用于改善腰、背部柔韧性。

图 3-24-1

在使用器械前应适当热身，练习时以身体感觉轻松为宜。根据练习项目和人群的不同，具体锻炼强度不同，通常为每周 5~7 次，每次 3~4 组，每组 8~12 个。锻炼方法包括支撑跳跃、后桥练习、高位俯卧撑、（侧）支撑腾越、伸腰练习、仰卧起腰、高腿位仰卧起坐和仰卧举腿等。

动作方法　见图 3-24-2

（1）面对伸腰器，两手抓栏杆；

(2)屈腿跳过,当两脚落地后,迅速屈腿跳回原地。

技术要点

手抓栏杆的位置要恰当,迅速屈膝发力跳跃。

错误纠正

锻炼时易出现向前跳跃和向后跳跃连贯不上,影响锻炼效果等问题。因此,应先想好动作,逐渐加强上下肢协调配合的能力。

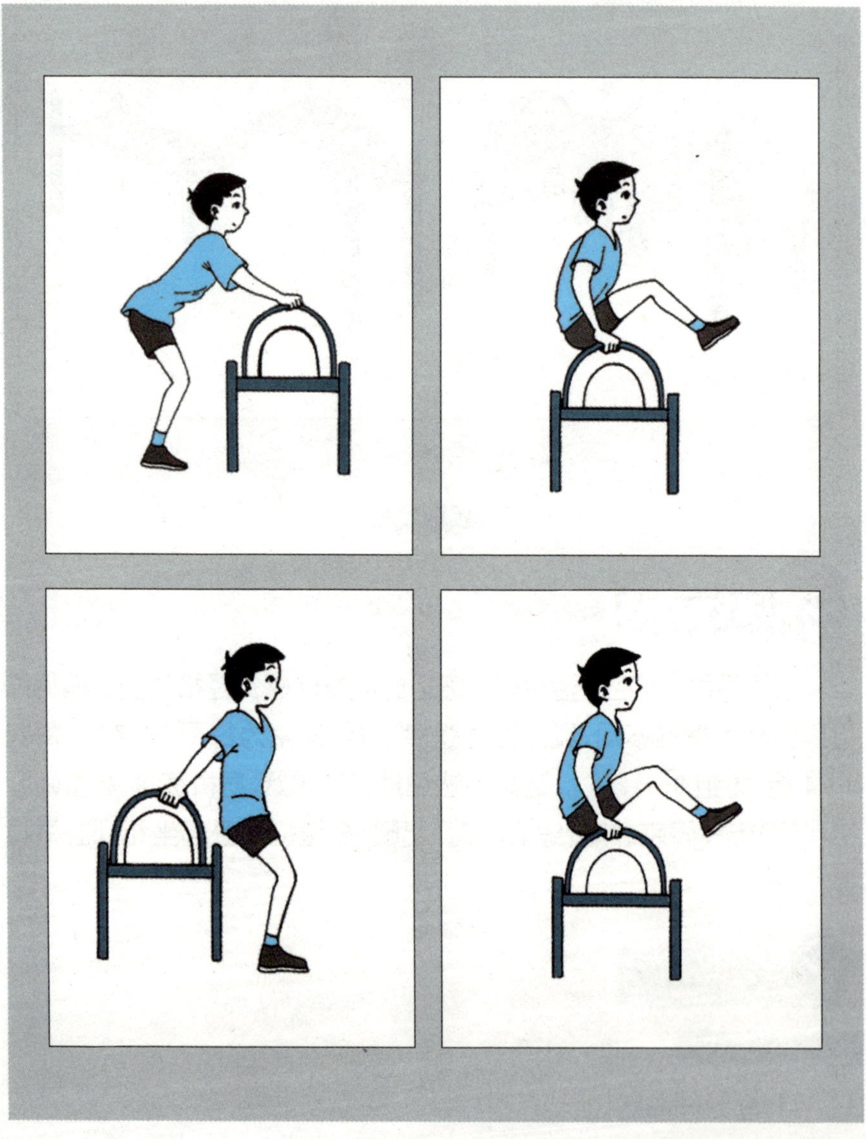

图 3-24-2

后桥练习

动作方法 见图 3-24-3

（1）健身者两腿伸直坐在训练器的前斜面上，两手抓住两侧的扶手；

（2）身体慢慢向后仰，使腰部靠在伸腰训练器的圆柱形曲面上，充分伸展呈桥形，保持 5～8 秒；

（3）然后恢复到起始状态。

技术要点

两手要抓牢扶手，动作幅度要循序渐进。

错误纠正

锻炼时易出现不循序渐进、盲目加大练习难度等问题。因此，应依据个人自身特点，制定锻炼计划，循序渐进地加大练习难度。

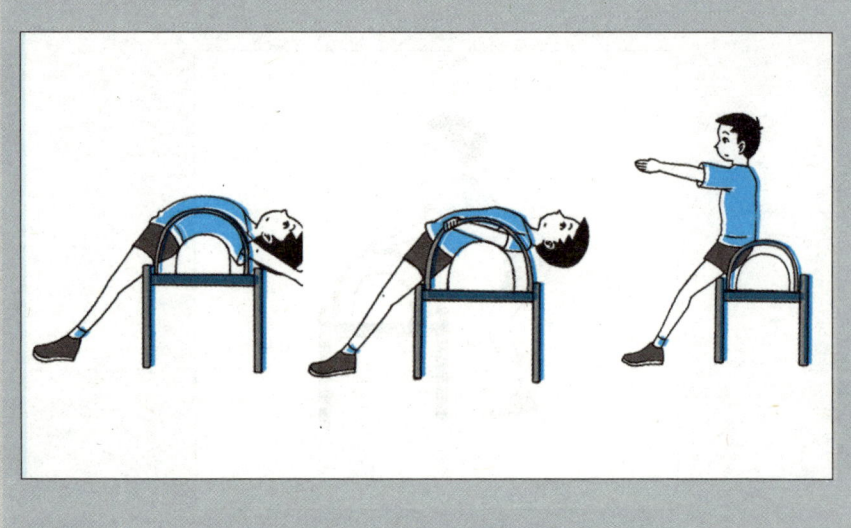

图 3-24-3

高位俯卧撑

动作方法 见图 3-24-4

健身者面对伸腰训练器,两手抓握栏杆,做俯卧撑练习。

技术要点

收腹,身体保持绷直状态。

错误纠正

锻炼时易出现翘臀、不完全依靠上肢力量完成俯卧撑等问题。因此,应保持身体在一条直线上,尽可能标准地完成俯卧撑动作。

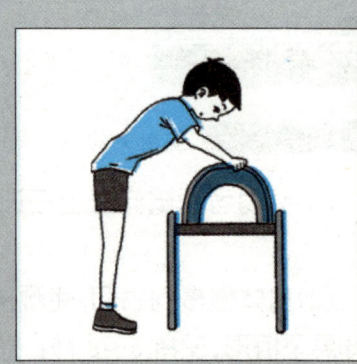

图 3-24-4

(侧)支撑腾越

动作方法　见图 3-24-5

面对伸腰训练器，两手抓握栏杆，两腿侧摆越过伸腰器，反复练习。

技术要点

身体要保持绷直状态。

错误纠正

锻炼时易出现恐惧、手脚用力不协调一致等问题。因此，应胆大心细，由慢到快逐步进行锻炼，以确保安全。

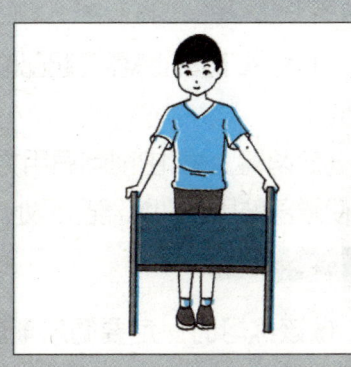

健身路径锻炼方法

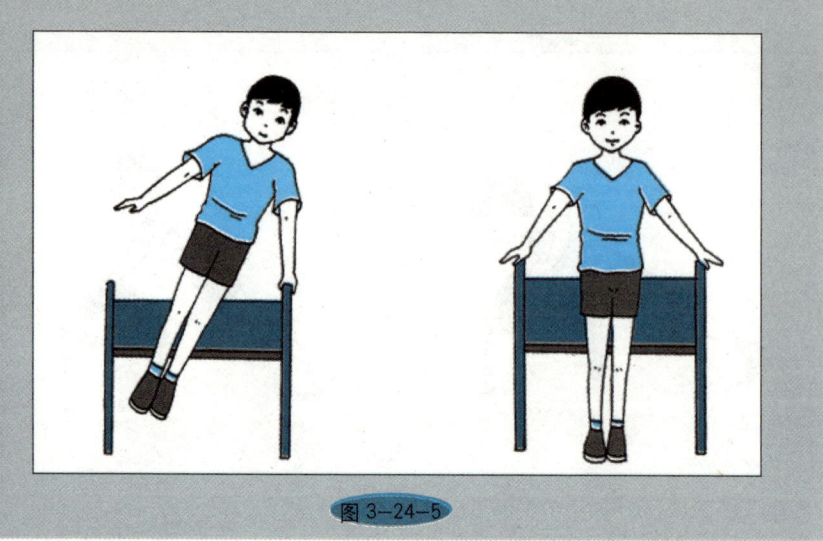

图 3-24-5

伸腰练习

动作方法 见图 3-24-6

（1）背靠下腰训练器凸起部位一端站立；

（2）两臂上举，由前向后用力摆动，使腰部贴压在训练器凸起处。

技术要点

做该练习时一定要循序渐进，不要急于求成。

错误纠正

锻炼时易出现两脚离器械过远或过近，后倒时身体与器械夹角过大或过小等问题。因此，应根据个人身高情况的不同，选择适合的距离，达到最佳的锻炼效果。

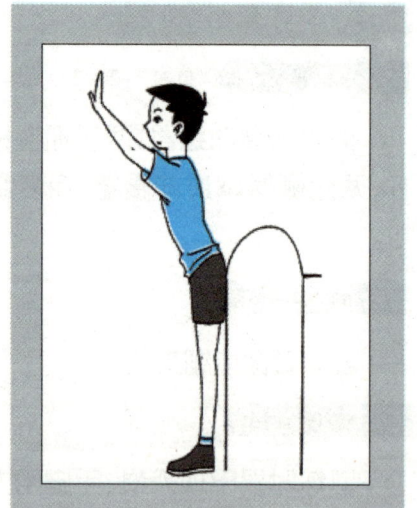

图 3-24-6

仰卧起腰

 动作方法　见图 3-24-7

坐在下腰训练器的平板上，上体躺在凸起的部位，腰部悬空，做起腰练习。

技术要点

在起腰时要配合全身用力。

错误纠正

锻炼时易出现身体用力不协调、无法展腹等问题。因此，应全身协调用力，通过两头的支持使腰部悬空。

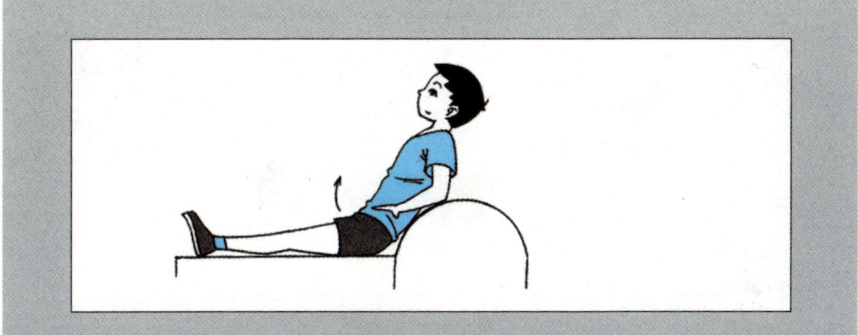

图 3-24-7

高腿位仰卧起坐

动作方法 见图 3-24-8

把腿放在下腰训练器凸起部位,头枕平台上,做仰卧起上体的练习。

技术要点

随着腰腹力量的逐渐增加,上体仰起的角度逐渐增大,保持动作的完整性,不可过于求快。

错误纠正

锻炼时易出现仰角过大,无法完成仰卧起坐等问题。因此,应在开始锻炼时采用较小的练习角度,待腰腹肌力量增强后再逐渐加大难度。

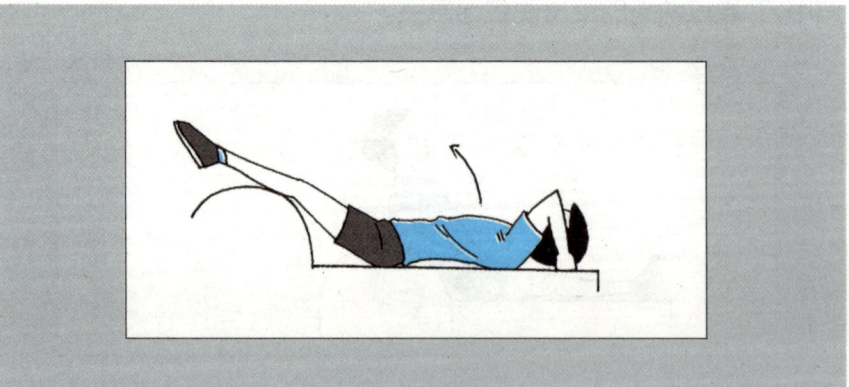

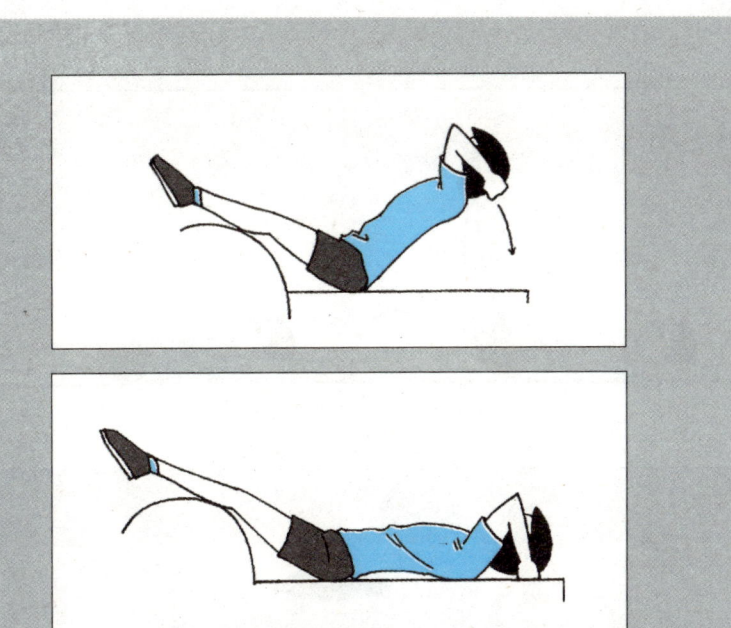

图 3-24-8

仰卧举腿

动作方法　见图 3-24-9

仰卧于下腰训练器上,两手抓握训练器凸起部位,进行收腹举腿练习。

技术要点

尽量将动作做到位,这样才能更好地锻炼腰腹力量。

错误纠正

锻炼时易出现股四头肌力量不足、屈膝和腹部肌肉力量不够、无法完成收腹举腿动作等问题。因此,应加强股四头肌和腹部肌肉力量的练习,同时初期可以减小练习难度,循序渐进。

图 3-24-9

第二十五节 鞍马训练器

鞍马训练器造型独特,外形看上去有些像体操比赛中使用的鞍马。这是一种用来锻炼健身者上肢的支持力量、腰腹力量和下肢的弹跳力及反应能力的器械。

 健身器械 ◆◆◆◆◆◆◆

鞍马训练器是一种综合训练器,它既可以锻炼上肢屈肌群的力量,也可练习下肢的跳跃能力,同时对人体的迅速反应能力也有很大帮助。

结构 见图 3-25-1

鞍马训练器主要由扶手和鞍座组成,可在其上做各种动作。

作用

鞍马训练器主要锻炼上肢的支撑力量、腰腹力量和下肢的弹跳能力及反应能力。

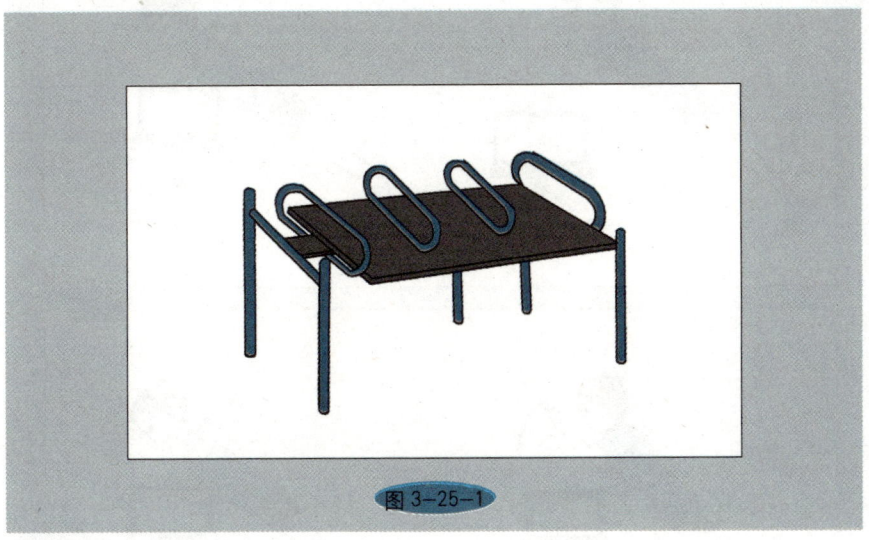

图 3-25-1

锻炼方法

在锻炼前应做好热身活动,锻炼强度以身体感觉轻松或略累为宜,每天 3~4 组,每组 8~12 次。锻炼方法包括击掌俯卧撑、支撑跳跃和侧向移动击掌俯卧撑等。

击掌俯卧撑

动作方法 见图 3-25-2

由斜面支撑开始,做手臂屈伸练习,推手时快速击掌。

技术要点

全身均匀用力,使身体保持绷直,击掌要迅速。

错误纠正

锻炼时易出现翘臀、不完全依靠上肢力量完成俯卧撑等问题。因此,应保持身体在一条直线上,规范身体动作。

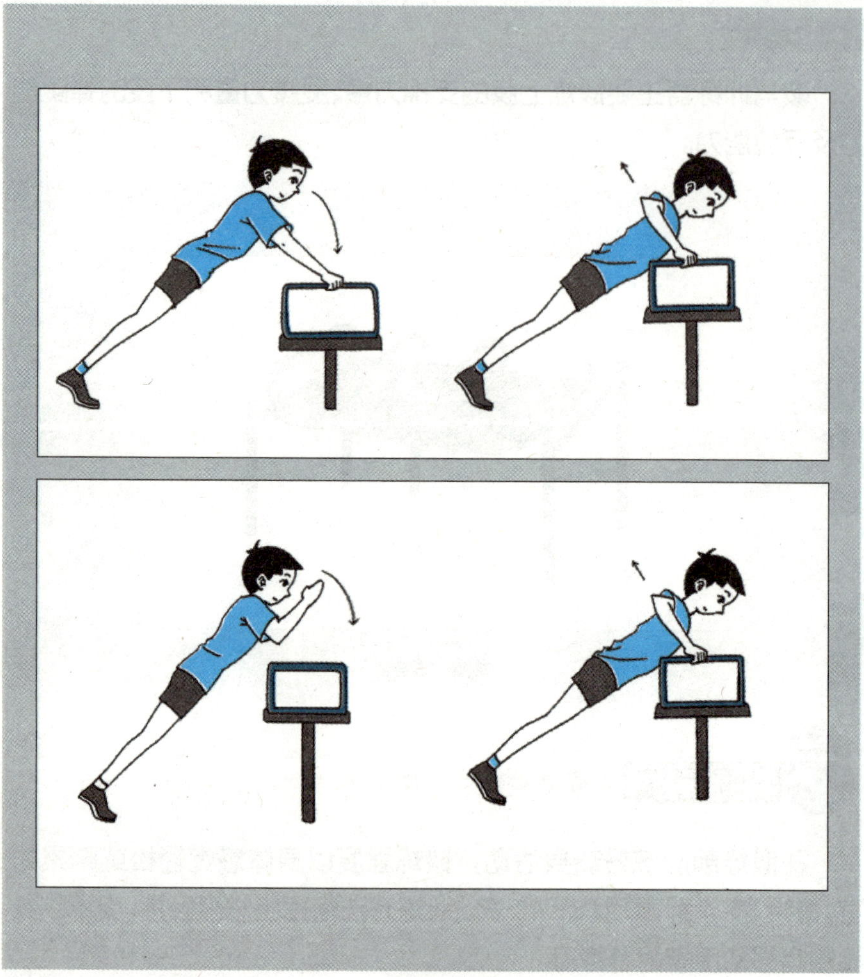

图 3-25-2

支撑跳跃

 动作方法　见图 3-25-3

健身者两手抓环,向前屈腿跳过,落地后迅速跳回原地。

 技术要点

屈膝收腿动作要快,落地要平稳。

 错误纠正

锻炼时易出现向前跳跃和向后跳跃不连贯,影响锻炼效果等问题。因此，应先想好动作，逐渐加强上下肢协调配合的能力。

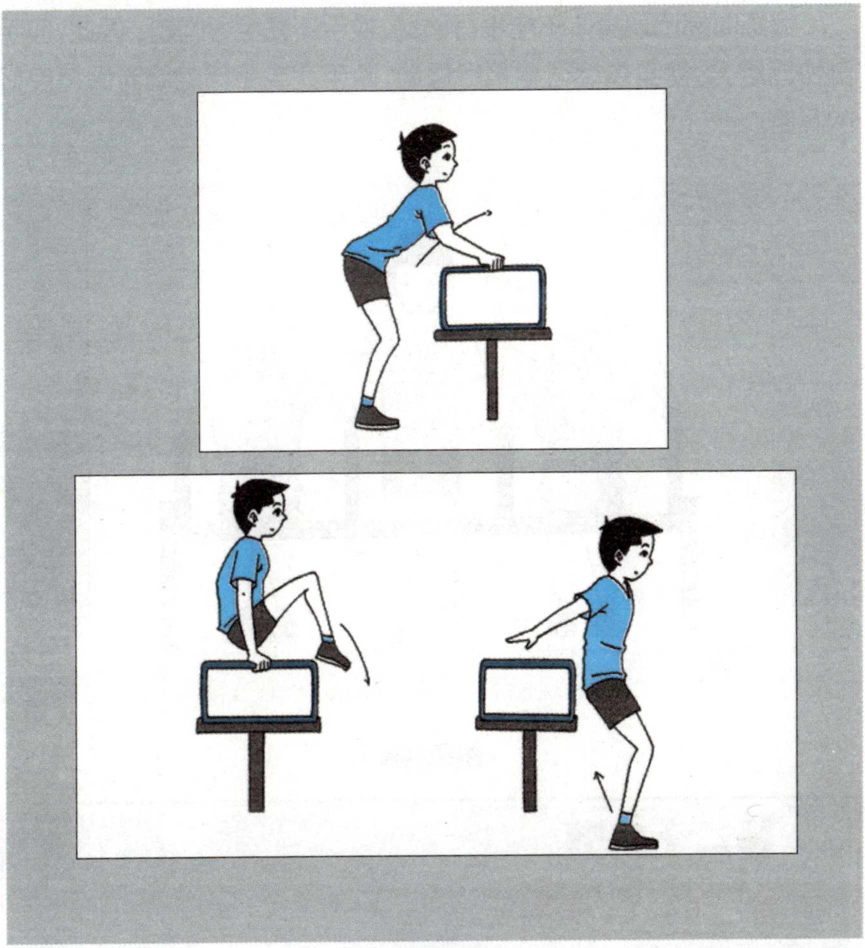

图 3-25-3

侧向移动击掌俯卧撑

动作方法　见图 3-25-4

由斜面支撑开始，做俯卧撑练习的同时，推手击掌，侧向移动呈俯卧撑，如此反复。

技术要点

完成此练习要在击掌俯卧撑练习的基础上方可，不可急于求成。

错误纠正

锻炼时易出现身体不能平行移动、换手不完全等问题。因此,应手脚协同用力,使身体尽可能平行移动,两手完成平移的同时保持良好的间距。

图 3-25-4

第二十六节 步行软梯

步行软梯是一种比较新颖的健身器械。健身者在软梯上行进的过程中,需要手脚配合,从而使全身得到锻炼。步行软梯可以提高健身者身体的灵敏性和协调能力。

步行软梯结构相对复杂,主要是通过身体对器械的控制,来提高全身的协调控制能力。

结构 见图 3-26-1

（1）步行软梯主要由立柱、曲形横梁及吊索脚蹬等组成；

（2）一般装有 9 根吊索，吊索下端为半圆形的脚蹬；

（3）因横梁设计成曲线形，而吊索一般长，因此脚蹬的位置也是上下错落，增加了练习的难度。

作用

利用步行软梯进行锻炼可以提高全身灵敏性和协调性。

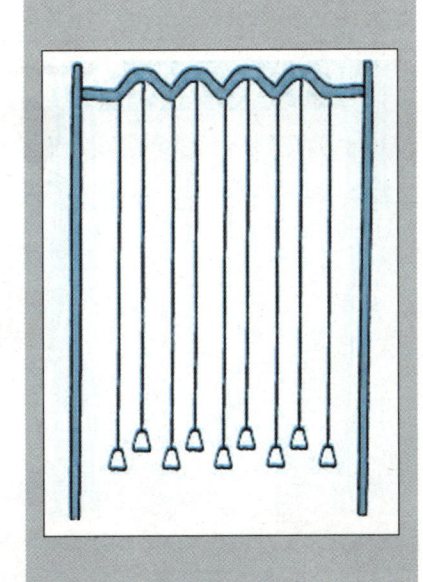

图 3-26-1

锻炼方法

锻炼前一定要做好踝关节和膝关节的准备活动，避免在运动中扭伤。锻炼强度以身体感觉轻松，略出汗为宜。

动作方法 见图 3-26-2

（1）健身者手脚配合，手抓吊索，脚踩住脚蹬向前走动，从软梯的一端走到另一端；

（2）然后可原路返回，也可下器械重新开始。

技术要点

手脚协调配合，以更好地提高灵敏性和协调性。

错误纠正

锻炼时易出现吊环控制不稳，增加锻炼难度等问题。因此，应控制好身体，减小吊环的摆动幅度。

健身路径锻炼方法

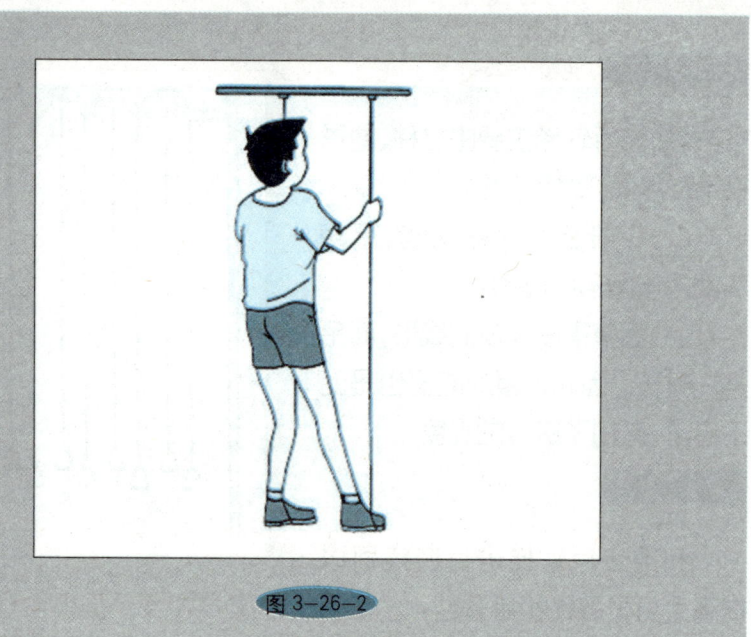

图 3-26-2

第二十七节

呼啦桥

呼啦桥是一种新颖的社区健身器械,健身者练习时,腰部需左右扭动,类似呼啦圈运动,呼啦桥因而得名。

健身器械

呼啦桥是新型健身器,对长期伏案工作者来说,在呼啦桥上行走可以使腰背肌肉、韧带有效地牵张、左右拉伸,以缓解腰背疲劳。

结构 见图 3-27-1

(1)呼啦桥的构造一般由立柱、护栏、多根S形杆及圆柱形桥杆等组成;

(2)桥长约 3 米,"S"形杆呈横向安装,并超过桥面的中心轴线;

(3)健身者在桥上行走时,每前进一步,都需要扭动身体,避让"S"形杆形成的障碍。

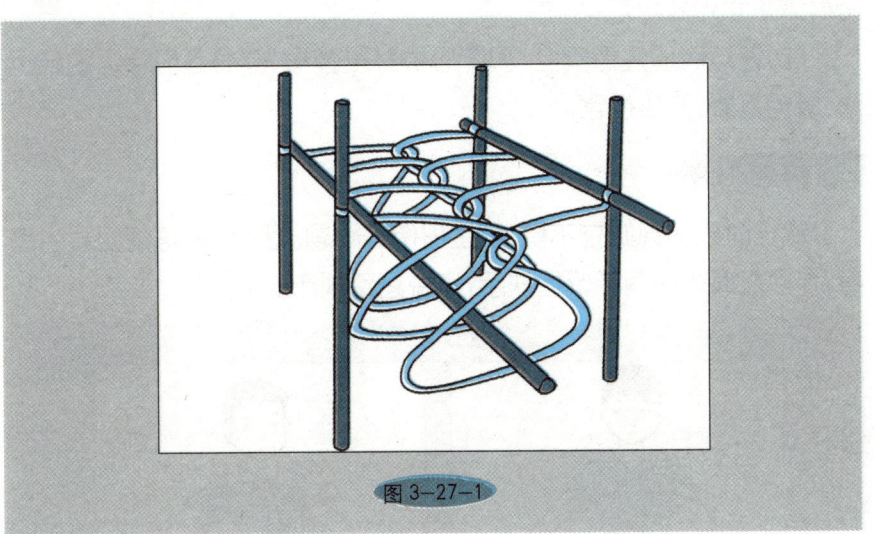

图 3-27-1

 作用

(1)增强腰、背、腿部肌群和韧带的柔韧性与灵活性;

(2)提高身体在运动过程中的协调用力及保持平衡的能力;

(3)扩大脊椎和髋关节的活动范围,疏通腰背经络。

 锻炼方法

运动时,上体尽量保持向前正直,否则不能充分地活动腰、髋关节。饭前饭后一小时之内不宜练习,过饥或过饱时不宜练习。锻炼强度以身体感觉轻松为宜,每天走 3~4 次,每周 5~7 次。

 动作方法　见图 3-27-2

(1)以自然姿势站立于中心桥杆一端,两手扶住左右栏杆;

(2)运动时,两手扶住左右扶栏以保持平衡,两脚以较小的步伐沿着中心桥面向前行走。

技术要点

（1）在前行时，可以是左右脚交叉向前迈步，也可以是向前挪步，健身者可以根据自己的年龄、体质和熟练程度予以掌握，但应尽量保持身体正面对着前方；

（2）锻炼时应注意安全，因中心桥杆呈圆形，健身者应穿运动鞋运动，以免打滑，产生伤害。

错误纠正

锻炼时易出现站立不稳，产生扭伤等问题。因此，锻炼前应适当热身，并且在锻炼时两手紧握扶手，避免运动损伤。

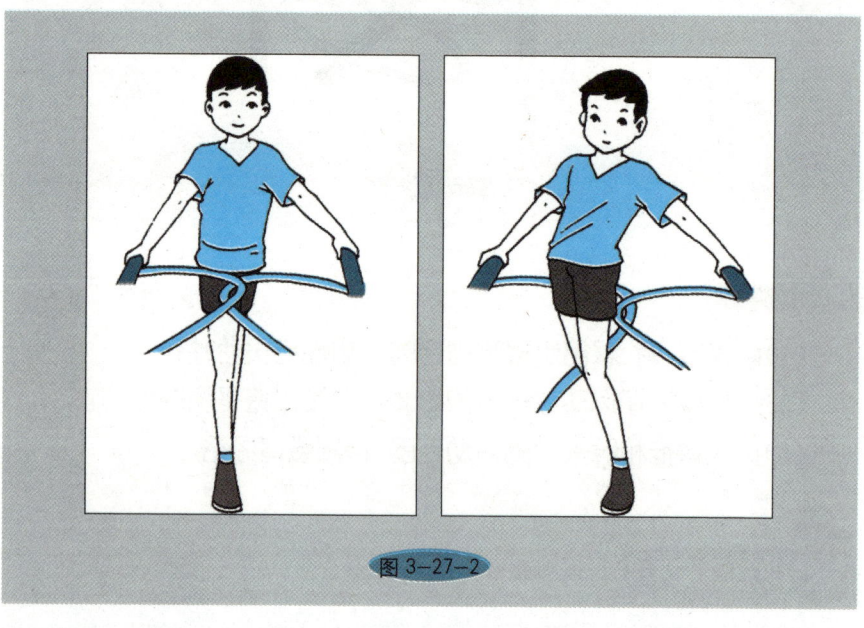

图 3-27-2

第二十八节 水车

水车的器械外形酷似农村的水车，故而得名。其功能主要是锻炼健身者身体下肢力量和增强其身体的平衡能力和协调能力。

水车也称重力水车,是身体克服阻力进行锻炼的一种健身器械。经常锻炼,对改善心肺功能有很大帮助。

结构

见图3-28-1

(1)水车由立柱、圆柱形滚筒及扶把组成;

(2)滚筒通过轴承与立柱相连接;

(3)水车滚筒上一般有按轴向分布的木条或铁条,以避免运动时脚底打滑,提高运动的安全性;

(4)有些水车则在滴筒表面铸成一个个小的突起,除了提高安全性,当健身者脚穿薄底鞋进行练习时,它还具有一定的足底按摩功能;

(5)滚筒内一般装有适量的黄沙作为阻力,以加强锻炼功效,因此也称为重力水车。

作用

锻炼腿、腰部的肌肉力量,增强心肺功能,提高协调能力和平衡能力。

图3-28-1

锻炼方法

踩水车锻炼身体时，一般强度不大，因此锻炼时间应保持每天在30分钟以上。当然根据自身情况的不同，在锻炼时感到身体微热、有些出汗或无疲劳感为宜。

动作方法　见图3-28-2

（1）两手扶住扶把，两脚先后站上水车滚筒，并使身体前倾，靠向扶把；

（2）保持身体平衡，两脚依次向后用力连续蹬踏水车，使滚筒产生旋转。

技术要点

（1）滚筒因重力作用，开始运动时阻力较大，因此转动水车滚筒的速度要由慢而快，不宜用力过猛；

（2）当滚筒旋转起来至一定速度后，健身者应主动调节腿部的用力，使水车旋转速度相对稳定，以避免惯性作用过大、速度过快而使练习无法控制和继续；

（3）运动结束后，应等水车停稳后再下器械。

错误纠正

锻炼时易出现滚轮旋转速度不均衡，影响锻炼效果等问题。因此，应加强腿部用力的调控，既达到锻炼目的，又确保自身安全。

图3-28-2